ΣΠΙΤΙΚΕΣ ΣΥΝΤΑΓΕΣ ΖΥΘΟΠΟΙΗΣΗΣ ΜΠΥΡΑΣ

100 ΕΎΚΟΛΕΣ ΣΥΝΤΑΓΈΣ ΓΙΑ ΝΑ ΚΑΤΑΚΤΉΣΕΤΕ
ΤΗΝ ΤΈΧΝΗ ΤΗΣ ΟΙΚΙΑΚΉΣ ΖΥΘΟΠΟΙΊΑΣ ΚΑΙ ΝΑ
ΓΊΝΕΤΕ ΠΟΛΎ ΚΑΛΟΊ ΖΥΘΟΠΟΙΟΊ

Σοφία Λειβαδίτη

Αποποίηση ευθυνών

Οι πληροφορίες που περιέχονται σε αυτό το eBook προορίζονται να χρησιμεύσουν ως μια ολοκληρωμένη συλλογή στρατηγικών για τις οποίες ο συγγραφέας αυτού του eBook έχει κάνει έρευνα. Οι περιλήψεις, οι στρατηγικές, οι συμβουλές και τα κόλπα συνιστώνται μόνο από τον συγγραφέα και η ανάγνωση αυτού του eBook δεν εγγυάται ότι τα αποτελέσματα θα αντικατοπτρίζουν ακριβώς τα αποτελέσματα του συγγραφέα. Ο συγγραφέας του eBook έχει καταβάλει όλες τις εύλογες προσπάθειες για να παρέχει τρέχουσες και ακριβείς πληροφορίες στους αναγνώστες του eBook. Ο συγγραφέας και οι συνεργάτες του δεν θα θεωρηθούν υπεύθυνοι για τυχόν ακούσιο λάθος ή παραλείψεις που ενδέχεται να εντοπιστούν. Το υλικό στο eBook μπορεί να περιλαμβάνει πληροφορίες από τρίτα μέρη. Το υλικό τρίτων περιλαμβάνει απόψεις που εκφράζονται από τους ιδιοκτήτες τους. Ως εκ τούτου, ο συγγραφέας του eBook δεν αναλαμβάνει καμία ευθύνη ή ευθύνη για οποιοδήποτε υλικό ή απόψεις τρίτων.

ΠΙΝΑΚΑΣ ΠΕΡΙΕΧΟΜΕΝΩΝ

ΕΙΣΑΓΩΓΗ

Αποφασίσατε λοιπόν να φτιάξετε την μπύρα σας στο σπίτι. Συγχαρητήρια! Πρόκειται να συμμετάσχετε σε ένα θαυμάσιο και ανταποδοτικό έργο, σχεδόν τόσο παλιό όσο και η ίδια η ανθρωπότητα. Αλλά δεν υπάρχει λόγος να τρομάζεις. Αν και οι άνθρωποι παρασκευάζουν μπύρα εδώ και χιλιετίες, η βασική διαδικασία παρέμεινε σχεδόν η ίδια στο πέρασμα των αιώνων. Αυτό το ηλεκτρονικό βιβλίο θα συζητήσει μερικές από τις πιο απλές μπύρες που μπορείτε να δοκιμάσετε στο σπίτι.

Σας αρέσει να πίνετε μπύρα; Θέλετε να μπορούσατε να φτιάξετε το δικό σας; Έχετε σκεφτεί ποτέ να φτιάξετε τη δική σας μπύρα στο σπίτι; Λοιπόν, μην φοβάσαι! Αυτό το βιβλίο δημιουργήθηκε για να σας βοηθήσει. Σε αυτό το βιβλίο, θα σας δοθεί μια λίστα με τα απαραίτητα συστατικά, μαζί με οδηγίες βήμα προς βήμα για το πώς να μετατρέψετε αυτά τα συστατικά σε μια σπιτική μπύρα που σίγουρα θα εντυπωσιάσει!

Αυτό το βιβλίο δημιουργήθηκε σε μια προσπάθεια να βοηθήσει όλους όσους επιθυμούν να πάρουν την αγάπη τους για την μπύρα και να δημιουργήσουν τη δική τους. Σε αυτό το βιβλίο, θα βρείτε τα πιο βασικά συστατικά και οδηγίες που απαιτούνται για να ξεκινήσετε τη διαδικασία παρασκευής σπιτικής μπύρας. Θα μάθετε για την ιστορία της ζυθοποιίας και τι ακριβώς είναι.

Θα μάθετε πώς να παρασκευάζετε σωστά το homebrew σας όπου θέλετε και σε όποια ποσότητα θέλετε. Όχι μόνο θα απολαύσετε τη δική σας σπιτική μπύρα, αλλά αυτό το βιβλίο θα συνοδεύεται από μερικές συνταγές για να σας βοηθήσει και να βελτιώσετε τις γνώσεις σας στη ζυθοποιία!

Για τις πρώτες σας μπύρες, είναι σοφό να ξεκινήσετε με ένα κιτ: τα κουτιά ή τα χαρτοκιβώτια με παχύρρευστο, κολλώδες σιρόπι που ανακατεύετε με νερό και ζυμώνετε σε έναν κουβά. Μη διστάσετε να πηδήξετε κατευθείαν και να αγοράσετε τα επιπλέον πράγματα που χρειάζεστε για να φτιάξετε μια παρτίδα από την αρχή, αλλά υπάρχουν μερικοί λόγοι για να διατηρήσετε τα πράγματα όσο το δυνατόν πιο απλά για τις πρώτες παρτίδες.

ΜΠΥΡΕΣ

1. Little Ghost Saison

Μέγεθος παρτίδας: 5,5 γαλόνια (21 λίτρα)

ΣΥΣΤΑΤΙΚΆ

ΒΥΝΑ/ΣΙΚΗΡΟΛΟΓΟΣ

- 7 λίβρες (3,2 κιλά) Βελγική Πίλσνερ
- 1 λίβρα (454 g) νιφάδες βρώμης
- 8 ουγγιές. (227 g) Carapils
- 4 ουγκιές. (113 g) αρωματική βύνη

ΛΥΚΟΣ ΚΑΙ ΠΡΟΣΘΗΚΕΣ

- 1,5 λίβρα (680 g) ανοιχτή καστανή ζάχαρη στα 90 λεπτά
- 1,5 ουγκιά. (43 g) Παράδοση Hallertauer [ΑΑ 6%] στα 60 λεπτά
- 1 ουγκιά. (28 g) Styrian Goldings [2,6% ΑΑ] στα 20 λεπτά

μαγιά

- Απομόνωση μαγιάς αγροικίας ανατολικής ακτής ECY03-B

ΚΑΤΕΥΘΎΝΣΕΙΣ

a) Αλέστε τους κόκκους και πολτοποιήστε στους 150°F (66°C) για 60 λεπτά. Vorlauf μέχρι να καθαρίσουν τα τρεξίματα, μετά τρέξτε στον βραστήρα.

b) Ψεκάστε τους κόκκους και συμπληρώστε όσο χρειάζεται για να λάβετε 7,3 γαλόνια (28 λίτρα) γλεύκους—ή περισσότερο, ανάλογα με τον ρυθμό εξάτμισης.

c) Βράζετε για 90 λεπτά ακολουθώντας το πρόγραμμα του λυκίσκου και των προσθηκών.

d) Μετά το βράσιμο, ψύξτε το γλεύκος στους περίπου 63°F (17°C), αερίστε το γλεύκος και ρίξτε τη μαγιά. Διατηρήστε τη θερμοκρασία στους 63-64 °F (17-18 °C) για 2-3 ημέρες και, στη συνέχεια, αφήστε τη θερμοκρασία να ανέβει στους 70-80 °F (21-27 °C) όπως μετριάζεται από ένα λουτρό νερού.

e) Αφήστε να ζυμωθεί εντελώς πριν τη συσκευασία.

2. White Rabbit Brown Ale

ΣΥΣΤΑΤΙΚΆ

Λογαριασμός βύνης/σιτηρών

- 9 λίβρες (4,1 κιλά) Maris Otter

- 8 ουγγιές. (227 g) British Medium Crystal Malt (65L)

- 8 ουγγιές. (227 g) Caramunich

- 12 ουγκιές. (340 γρ.) Βύνη σοκολάτας

Πρόγραμμα λυκίσκου

- 1 ουγκιά. (28 g) Hallertau [4% AA] στα 60 λεπτά

- 0,5 oz. (14 g) Liberty [5% AA] σε 10 λεπτά

- 0,5 oz. (14 g) Κρύσταλλο [5% AA] σε 10 λεπτά

- 0,5 oz. (14 g) Liberty σε ξηρό λυκίσκο

- 0,5 oz. (14 g) Κρύσταλλο σε ξηρό λυκίσκο

Μαγιά

- Wyeast 1318 London Ale III

ΚΑΤΕΥΘΎΝΣΕΙΣ

a) Αλέστε τους κόκκους και ανακατέψτε με 3,36 γαλόνια (12,7 λίτρα) 163°F (73°C) κτυπήστε το νερό για να φτάσετε σε θερμοκρασία πολτού 152°F (67°C). Κρατήστε αυτή τη θερμοκρασία για 60 λεπτά. Vorlauf έως ότου τα τρεξίματά σας είναι καθαρά, μετά τρέξτε στον βραστήρα.

b) Ψεκάστε τους κόκκους με 3,9 γαλόνια (14,7 λίτρα) και συμπληρώστε όσο χρειάζεται για να λάβετε 6 γαλόνια (23 λίτρα) μούστου. Βράζουμε για 60 λεπτά, ακολουθώντας το πρόγραμμα του Λυκίσκου.

c) Μετά το βράσιμο, ψύξτε το μούστο σε ελαφρώς κάτω από τη θερμοκρασία ζύμωσης, περίπου 63°F (17°C).

d) Αερίστε το γλεύκος με καθαρό οξυγόνο ή φιλτραρισμένο αέρα και ρίξτε τη μαγιά.

e) Ζυμώστε στους 65°F (18°C) για 7 ημέρες και μετά αφήστε τη θερμοκρασία να ανέβει στους 68°F (20°C).

f) Χτυπήστε τη μπύρα στους 35°F (2°C), προσθέστε τον ξηρό λυκίσκο και, στη συνέχεια, μετά από 5 ημέρες, εμφιαλώστε ή βάλτε τη μπύρα και προσθέστε ανθρακικό σε περίπου 2 όγκους.

3. Lambic

ΣΥΣΤΑΤΙΚΆ

Λογαριασμός σιτηρών

- Βύνη Pilsner, Βελγική 50% - 2,5 kg/5½lb

- Σιτάρι, χωρίς βύνη 50% - 2,5kg/5½lb

Λυκίσκος

- Λυκίσκος παλαιωμένος (καφέ, λιαστής).

- Λυκίσκος πρώτου μούστου - 100g/3½oz

Μαγιά

- Οποιοδήποτε βελγικό στέλεχος Saccharomyces ή μείγμα lambic, με τα κατακάθια τουλάχιστον τριών φιαλών από το αγαπημένο σας lambic

ΚΑΤΕΥΘΎΝΣΕΙΣ

a) Προετοιμάστε τις μαγιές και τα κατακάθια που έχετε επιλέξει. Δεν χρειάζεται να ανησυχείτε για τα ποσοστά προώθησης, εδώ. Καθαρίστε και προετοιμάστε τον εξοπλισμό ζυθοποιίας σας.

b) Φέρτε 23 λίτρα/λίτρα νερού στους 53°C (127°F). Αυτή θα είναι η αρχή του πολτού αφεψήματος σας

c) Πολτοποιήστε. Διατηρήστε θερμοκρασία πολτού στους 50°C (122°F) για 30 λεπτά. Αυτό είναι το υπόλοιπο πρωτεϊνών σας.

d) Ρίξτε 4 λίτρα/λίτρα από το πιο παχύρρευστο μέρος του πολτού σας σε μια μεγάλη κατσαρόλα. Αφήστε το να βράσει, στη συνέχεια προσθέστε το ξανά στον πουρέ σας και ανακατέψτε να ενωθούν. Διατηρήστε τη θερμοκρασία του πολτού στους 60°C (140°F) για 30 λεπτά.

e) Αφαιρέστε άλλα 4 λίτρα/λίτρα από την πιο παχιά μερίδα του πολτού σας και βράστε το. Προσθέστε το ξανά για να διατηρήσετε θερμοκρασία 70°C (158°F) για 30 λεπτά.

f) Πολτοποιήστε – αυξήστε τη θερμοκρασία των κόκκων σας στους 75°C (167°F). Μπορείτε να το κάνετε με αφέψημα αν θέλετε.

g) Ψεκάστε με 4 λίτρα/λίτρα νερού στους 75°C (167°F) για να φτάσετε τον όγκο πριν το βρασμό που δεν υπερβαίνει τα 23 λίτρα/τέταρτο.

h) Προσθέστε τον πρώτο σας λυκίσκο και βράστε το γλεύκος σας για 90 λεπτά.

i) Ψύξτε το μούστο σας στους 18°C (64°F). Μετρήστε την αρχική σας βαρύτητα και το ποτό πίσω με νερό υγιεινής για να φτάσετε στο OG που θέλετε.

j) Μεταφέρετε το μούστο σας σε έναν καθαρό και υγιεινό ζυμωτήρα. Αυτό είναι ακόμα σημαντικό, καθώς δεν θέλουμε μόλυνση με acetobacter. Αερίστε το μούστο σας και ρίξτε τη μαγιά και το κατακάθι σας.

k) Ζυμώστε στον κύριο ζυμωτήρα στους 18-20°C (64-68°F) για 2 μήνες έως 1 χρόνο ή έως ότου η μπύρα σας μυρίζει υπέροχα και έχει ωραία και ξινή γεύση.

l) Προαιρετικά, ανακατέψτε τα λαμπικά σας για γεύση ή βάλτε τα σε έναν δευτερεύοντα ζυμωτήρα με 200-300g 97-10½oz) από τα φρούτα που έχετε επιλέξει ανά λίτρο/τετάρτο.

m) Μπουκάλι ανάλογα με το στυλ. Θα προτιμούσα την υψηλή ενανθράκωση για φρούτα ή ανάμεικτα λαμπικά - 140g/5oz λευκής επιτραπέζιας ζάχαρης για να φτάσω περίπου 3 όγκους CO_2.

4. Μπρετ αγροικία

ΣΥΣΤΑΤΙΚΆ

Λογαριασμός σιτηρών

- Pale Malt, Belgian 70% - 3,5kg/7¾lb

- Βύνη σίτου, Βελγική 30% - 1,5kg/3¼lb

Λυκίσκος

- Styrian Goldings (5,4% AA)

- Λυκίσκος πρώτου μούστου - 30g/1oz

- Styrian Goldings (5,4% AA)

- Βράστε 15 λεπτά - 20 g/¾oz

Μαγιά

- Τουλάχιστον μία μαγιά saison και ένα στέλεχος Brettanomyces. Το μείγμα WLP670 American Farmhouse είναι καλό και το μείγμα The Yeast Bay saison/Brett είναι πραγματικά εξαιρετικό.

ΚΑΤΕΥΘΎΝΣΕΙΣ

a) Προετοιμάστε τις μαγιές που έχετε επιλέξει. Δεν χρειάζεται πραγματικά να ανησυχείτε πολύ για τις τιμές προώθησης εδώ. Καθαρίστε και προετοιμάστε τον εξοπλισμό ζυθοποιίας σας.

b) Φέρτε 23 λίτρα/λίτρα νερού στους 69°C (156°F).

c) Πολτοποιήστε. Διατηρήστε θερμοκρασία πολτού στους 64,5°C (148°F) για 90 λεπτά.

d) Πολτοποιήστε - αυξήστε τη θερμοκρασία των κόκκων σας στους 75°C (167°F). Μπορείτε να το κάνετε με τη μέθοδο του αφεψήματος, αν θέλετε.

e) Ψεκάστε με 4 λίτρα/λίτρα νερού στους 75°C (167°F) για να φτάσετε τον όγκο πριν το βρασμό που δεν υπερβαίνει τα 23 λίτρα/τέταρτο.

f) Προσθέστε τον πρώτο σας λυκίσκο και βράστε το γλεύκος σας για 90 λεπτά.

g) Ψύξτε το μούστο σας στους 18°C (64°F). Μετρήστε την αρχική σας βαρύτητα και το ποτό πίσω με νερό υγιεινής για να φτάσετε στο OG που θέλετε.

h) Μεταφέρετε το μούστο σας σε έναν καθαρό και υγιεινό ζυμωτήρα. Αυτό είναι ακόμα σημαντικό, καθώς δεν θέλουμε ιδιαίτερα αυτή η μπύρα να μολυνθεί με άλλους οργανισμούς.

i) Αερίστε το μούστο σας και ρίξτε τη μαγιά και το κατακάθι σας.

j) Ζυμώστε στον κύριο ζυμωτήρα στους 18-20°C (64-68°F) για τουλάχιστον 1-2 μήνες.

k) Μπουκάλι με 140g/5oz λευκής επιτραπέζιας ζάχαρης για να φτάσει περίπου 3 όγκους CO_2. Μην χρησιμοποιείτε αδύναμα μπουκάλια

5. Ένας μοναχός ονόματι Μπρετ

ΣΥΣΤΑΤΙΚΆ

Λογαριασμός σιτηρών

- Pale Malt, Belgian 65,2% – 3kg/6½lb

- Βύνη Μονάχου 17,4% – 800g/1¾lb

- Caramunich Malt 8,7% – 400g/14oz

- Ζάχαρη, ρόφημα 8,7% – 400g/14oz

Λυκίσκος

- Hallertauer Mittelfrueh (4% AA)

- Λυκίσκος πρώτου μούστου – 40 g/1½oz

- Styrian Goldings (5,4% AA)

- Βράστε 15 λεπτά – 30g/1oz

- Styrian Goldings (5,4% AA)

- Ξηρός λυκίσκος – 30g/1oz

Μαγιά

- Μία βελγική μαγιά Abbey, ιδανικά μαγιά Orval (WLP510).

- Ένα στέλεχος Brettanomyces, ιδανικά καλλιεργημένο από φιάλη Orval.

ΚΑΤΕΥΘΎΝΣΕΙΣ

a) Προετοιμάστε τις μαγιές που έχετε επιλέξει. Θα πρέπει να προβάλετε κατάλληλα. Καθαρίστε και προετοιμάστε τον εξοπλισμό ζυθοποιίας σας.

b) Φέρτε 23 λίτρα/λίτρα νερού στους 70°C (158°F).

c) Πολτοποιήστε. Διατηρήστε θερμοκρασία πολτού στους 65°C (149°F) για 60 λεπτά.

d) Πολτοποιήστε – αυξήστε τη θερμοκρασία των κόκκων σας στους 75°C (167°F). Μπορείτε να το κάνετε χρησιμοποιώντας μια μέθοδο αφεψήματος, αν θέλετε.

e) Ψεκάστε με 4 λίτρα/λίτρα νερού στους 75°C (167°F) για να φτάσετε τον όγκο πριν το βρασμό που δεν υπερβαίνει τα 24 λίτρα/τέταρτο.

f) Προσθέστε τον πρώτο σας λυκίσκο και βράστε το γλεύκος σας για 90 λεπτά.

g) Ψύξτε το μούστο σας στους 18°C (64°F). Μετρήστε την αρχική σας βαρύτητα και το ποτό πίσω με νερό υγιεινής για να φτάσετε στο OG που θέλετε.

h) Ζυμώστε στον κύριο ζυμωτήρα στους 18–20°C (64–68°F) για τουλάχιστον 2 εβδομάδες.

i) Μεταφέρετε την μπύρα σας σε δευτερεύοντα ζυμωτήρα, αφήνοντας πίσω τη μαγιά και το μπαούλο σας. Προσθέστε το Brettanomyces και τον ξηρό λυκίσκο σας και αφήστε το να μαλακώσει για 2 μήνες. Μπουκάλι με 150g/5¼oz λευκής επιτραπέζιας ζάχαρης για να φτάσεις πάνω από 3 όγκους CO_2.

6. Funky συνεδρία ξινή

ΣΥΣΤΑΤΙΚΆ

ΛΟΓΑΡΙΑΣΜΟΣ ΣΙΤΕΡΩΝ

- Pale Malt, Maris Otter 68,6% – 2,4kg/5¼lb

- Βρώμη, τυλιγμένη 31,4% – 800g/1¾lb

ΛΥΚΙΣΚΟΣ

- East Kent Goldings (5,5% AA)

- Λυκίσκος πρώτου μούστου – 30g/1oz

- East Kent Goldings (5,5% AA)

- Βράστε 15 λεπτά – 25 g/7/8oz

ΜΑΓΙΑ

- Ένα μείγμα Brett-saison, συν κατακάθια

ΚΑΤΕΥΘΎΝΣΕΙΣ

a) Προετοιμάστε τις μαγιές και τα κατακάθια που έχετε επιλέξει. Δεν χρειάζεται να ανησυχείτε για τα ποσοστά προώθησης εδώ. Καθαρίστε και προετοιμάστε τον εξοπλισμό ζυθοποιίας σας.

b) Φέρτε 23 λίτρα/λίτρα νερού στους 69°C (156°F).

c) Πολτοποιήστε. Διατηρήστε θερμοκρασία πολτού στους 64,5°C (148°F) για 90 λεπτά.

d) Πολτοποιήστε - αυξήστε τη θερμοκρασία των κόκκων σας στους 75°C (167°F). Μπορείτε να το κάνετε με τη μέθοδο του αφεψήματος, αν θέλετε.

e) Ψεκάστε με 4 λίτρα/λίτρα νερού στους 75°C (167°F) για να φτάσετε τον όγκο πριν το βρασμό που δεν υπερβαίνει τα 23 λίτρα/τέταρτο.

f) Προσθέστε τον πρώτο σας λυκίσκο και βράστε το γλεύκος σας για 90 λεπτά.

g) Ψύξτε το μούστο σας στους 18°C (64°F). Μετρήστε την αρχική σας βαρύτητα και το ποτό πίσω με νερό υγιεινής για να φτάσετε στο OG που θέλετε.

h) Μεταφέρετε το μούστο σας σε έναν καθαρό και υγιεινό ζυμωτήρα. Αυτό εξακολουθεί να είναι σημαντικό, καθώς δεν θέλουμε ιδιαίτερα αυτή η μπύρα να μολυνθεί με acetobacter. Αερίστε το μούστο σας και ρίξτε τη μαγιά και το κατακάθι σας.

i) Ζυμώστε στον κύριο ζυμωτήρα στους 18-20°C (64-68°F) για τουλάχιστον 2-3 μήνες ή έως ότου η μπύρα σας μυρίζει ωραία και αστεία και έχει πολύ ξινή γεύση. Θα πρέπει να έχει ένα καλό πολτό (Brett-crust) από πάνω.

j) Μπουκάλι με 140g/5oz λευκής επιτραπέζιας ζάχαρης για να φτάσει περίπου 3 όγκους CO_2. Μην χρησιμοποιείτε αδύναμα μπουκάλια.

7. AW μπύρα ρίζας

Απόδοση: 5 φλιτζάνια

ΣΥΣΤΑΤΙΚΆ:

- $\frac{3}{4}$ φλιτζάνι κρυσταλλική ζάχαρη

- $\frac{3}{4}$ φλιτζάνι Ζεστό Νερό

- 1 λίτρο κρύο νερό Seltzer

- $\frac{1}{2}$ κουταλάκι του γλυκού Plus

- 1/8 t Συμπυκνωμένη μπύρα ρίζας

ΚΑΤΕΥΘΎΝΣΕΙΣ:

a) Διαλύουμε τη ζάχαρη στο ζεστό νερό.

b) Προσθέστε το συμπύκνωμα μπύρας ρίζας και αφήστε το να κρυώσει.

c) Συνδυάστε το μείγμα μπύρας ρίζας με το κρύο νερό σέλτζερ, πιείτε αμέσως ή φυλάξτε το στο ψυγείο σε ένα καλά καλυμμένο δοχείο.

8. Διανυκτέρευση μπύρα ρίζας

Απόδοση: 1 μερίδα

ΣΥΣΤΑΤΙΚΆ:

- $2\frac{1}{2}$ φλιτζάνι Ζάχαρη

- 3 κουταλιές της σούπας εκχύλισμα μπύρας ρίζας

- 1 κουταλιά της σούπας ξηρή μαγιά

- Χλιαρό νερό

ΚΑΤΕΥΘΎΝΣΕΙΣ:

a) Σε μια κανάτα με γαλόνι με καπάκι που εφαρμόζει σφιχτά, συνδυάστε τη ζάχαρη, το εκχύλισμα μπύρας ρίζας και τη μαγιά. Προσθέστε αρκετό χλιαρό νερό για να γεμίσετε την κανάτα γαλονιού.
b) Ανακατέψτε καλά. Αφήστε να σταθεί σε θερμοκρασία δωματίου για 6 ώρες. Βάλτε το στο ψυγείο για μια νύχτα ή μέχρι να κρυώσει εντελώς.

9. Μπύρα με ρίζα Lacto-Fermented Root Beer

ΣΥΣΤΑΤΙΚΆ:

- 2-1/2 λίτρα φιλτραρισμένο νερό

- 1/2 φλιτζάνι αποξηραμένη, ψιλοκομμένη ρίζα σαρσαπαρίλας

- 1/4 φλιτζάνι αποξηραμένη, ψιλοκομμένη ρίζα sassafras

- 1-1/4 έως 1-1/2 φλιτζάνια ακατέργαστη ζάχαρη από ζαχαροκάλαμο

- 3/4 φλιτζάνι ορός γάλακτος

- 3 μπουκάλια με κούνια μεγέθους τεταρτημορίου, καθαρισμένα σχολαστικά

ΚΑΤΕΥΘΎΝΣΕΙΣ:

a) Σε μια μεγάλη κατσαρόλα βάζουμε τις ρίζες και τη ζάχαρη. Προσθέστε 3 λίτρα φιλτραρισμένο νερό. Αφήστε να πάρει βράση σε δυνατή φωτιά, στη συνέχεια χαμηλώστε τη φωτιά και σιγοβράστε για 20 λεπτά. Αποσύρουμε από τη φωτιά, σκεπάζουμε και αφήνουμε να καθίσει για 30 λεπτά.

b) Στραγγίστε τις ρίζες από το υγρό τοποθετώντας ένα λεπτό διχτυωτό κόσκινο σε ένα χωνί που θα χωράει στο λαιμό του μπουκαλιού με την αιώρηση. Γεμίστε τα μπουκάλια, αφήνοντας αρκετό χώρο για το κεφάλι για να κρατήσετε 1/4 φλιτζάνι καλλιέργεια ορού γάλακτος ή εκκίνησης και να έχετε ακόμα μια ίντσα περίπου.

c) Όταν η μπύρα ρίζας έχει κρυώσει σχεδόν σε θερμοκρασία δωματίου (ή περίπου 80° έως 85°F), προσθέστε τον ορό γάλακτος. Τοποθετήστε το καπάκι σφιχτά και ανακινήστε απαλά για να ομογενοποιηθεί. Αφήνοντας το καπάκι, αποθηκεύστε σε θερμοκρασία δωματίου για 2 έως 4 ημέρες, ελέγχοντας για ενανθράκωση μετά από 2 ημέρες.

d) Βάλτε το στο ψυγείο όταν το ρόφημα είναι αρκετά ανθρακούχο για τα γούστα σας. Μην αποθηκεύετε σε θερμοκρασία δωματίου για μεγάλο χρονικό διάστημα, καθώς υπάρχει πάντα μια (απομακρυσμένη) πιθανότητα να εκραγεί το μπουκάλι εάν συσσωρευτεί αρκετή πίεση στο εσωτερικό του.

e) Εάν το ρόφημά σας δεν αφρίζει, μπορείτε να το απολαύσετε προσθέτοντάς το σε ένα ποτήρι μεταλλικό νερό ή νερό σε κεφίρ.

10.   Μπύρα βύσσινο και σοκολάτα

ΣΥΣΤΑΤΙΚΆ:

- 2,5 λίβρες (1,1 κιλό) βύνη Pilsner (1,6°L)

- 10 λίβρες (4,5 κιλά) βύνη Μονάχου (8°L)

- 0,75 λίβρες (340 g) σκούρο κρύσταλλο munch malt (80°L)

- 1 λίβρα (454 g) βύνη μελανοϊδίνης (33°L)

- 0,5 λίβρες (227 g) βύνη röstmalz (470°L)

- 0,7 oz. (18 g) pellets Northern Brewer, 8% aa (60 λεπτά)

- 0,5 oz. (14 g) pellets Northern Brewer, 8% aa (30 λεπτά)

- 5-10 λίβρες βύσσινα κατεψυγμένα

- 0,5-1,0 λίβρα ψητές μύτες κακάο, θρυμματισμένες ελαφρά

- European Ale Yeast (Βελγική ή lager μια πιθανότητα, επίσης)

ΚΑΤΕΥΘΎΝΣΕΙΣ:

a) Πολτοποιήστε 1 ώρα στους 152°F (67°C). Μετά την αρχική ζύμωση, βάλτε το σε δευτερεύον και προσθέστε κατεψυγμένα βύσσινα και μύτη κακάο.

b) Αφήστε τη μπύρα να παραμείνει στα φρούτα και τις μύτες κακάο για τουλάχιστον δύο εβδομάδες - ένας ή δύο μήνες είναι καλύτερα.

c) Τοποθετήστε το σε ένα τριτογενές κάρβουνο και αφήστε το να κατακαθίσει πριν από την εμφιάλωση ή το βαρέλι.

11.   Μούρα και μπύρα ελάτης

ΣΥΣΤΑΤΙΚΆ

- 1 γαλόνι νερό

- Πλαστική σακούλα 1 γαλονιού γεμάτη άκρα ερυθρελάτης

- 1 φλιτζάνι σκούρο σιρόπι σφενδάμου

- Λυκίσκος 1/4 ουγγιάς (όπως Willamette και Centennial)

- 1 πακέτο μαγιά ale

- 6 σταφίδες

- 5 μούρα μπαχάρι, σπασμένα

- 1 κουταλάκι του γλυκού αλεσμένο τζίντζερ (προαιρετικά)

ΚΑΤΕΥΘΎΝΣΕΙΣ:

a) Βράζουμε το νερό, τον λυκίσκο και τα μπαχαρικά σε μια μεγάλη κατσαρόλα για 20 λεπτά. Προσθέτουμε τα έλατα και βράζουμε για άλλα 10 λεπτά. Στραγγίστε το μείγμα μέσα από μια διχτυωτή σακούλα παρασκευής (αν έχετε) ή ένα μεταλλικό σουρωτήρι. Αφήστε το υγρό να σταθεί μέχρι να ζεσταθεί.

b) Απολυμάνετε μια γυάλινη κανάτα γαλονιού (γνωστή ως ζυμωτή). Μπορείτε να το κάνετε αυτό με ένα απολυμαντικό χωρίς ξέβγαλμα, που βρίσκεται στα καταστήματα ζυθοποιίας. Ρίξτε το ζεστό υγρό ελάτης στην κανάτα. εάν χρησιμοποιείτε χωνί, φροντίστε να το απολυμάνετε επίσης. Προσθέτουμε τη μαγιά και τη ζάχαρη.

c) Φελλόξτε την κανάτα με ένα αποστειρωμένο λαστιχένιο πώμα και ένα αεραγωγό. Αποθηκεύστε το σε δροσερό, σκοτεινό μέρος και αφήστε το να ζυμωθεί για 2 έως 4 ημέρες ή μέχρι να σταματήσει να αναβράζει.

d) Απολυμάνετε τα μπουκάλια σας βράζοντάς τα για 30 λεπτά και μετά αφήνοντάς τα να κρυώσουν ανάποδα. Βάλτε τρεις σταφίδες στον πάτο κάθε μπουκαλιού και γεμίστε με το υγρό.

e) Αφήστε να καθίσει άλλες δύο ημέρες και μετά ψύξτε.

f) Ξέχνα το και μπορεί απλώς να κατευθυνθείς προς μια θλιβερή, ξυδάτη καταστροφή, αντί για ευτυχία με τσουκνίδα.

12. <u>Μπύρα καρπούζι</u>

Σερβίρισμα: 1 μερίδα

ΣΥΣΤΑΤΙΚΆ

- 3/4 φλιτζανιού καρπούζι σε κύβους

- 1/2 ουγγιά σιρόπι βανίλιας

- 6 ουγγιές μπύρα σίτου

ΚΑΤΕΥΘΎΝΣΕΙΣ:

a) Σε ένα ποτήρι ανάμειξης, ανακατεύετε το καρπούζι για να βγάλετε τον χυμό του.

b) Στραγγίστε τα κομμάτια των φρούτων και τυχόν σπόρους, αφήνοντας μόνο τον χυμό.

c) Ρίξτε το σιρόπι βανίλιας σε ένα παγωμένο ποτήρι και μετά γεμίστε το μέχρι τη μέση με χυμό καρπουζιού.

d) Από πάνω την μπύρα. Σερβίρουμε και απολαμβάνουμε.

13. Απλή μπύρα με αχλάδι

Απόδοση: 5 γαλόνια (19 L)

ΣΥΣΤΑΤΙΚΆ:

● 5 γαλόνια (19 L) χυμός αχλαδιού χωρίς συντηρητικά αν είναι δυνατόν

● 0,5 κουταλάκι του γλυκού (2,37 g) τανίνη σταφυλιού

● 2,5 κουταλάκι του γλυκού (11,86 g) πηκτικό ένζυμο

● 2,5 κουταλάκι του γλυκού (11,86 g) θρεπτικό συστατικό μαγιάς

● μαγιά ale ή μαγιά Lalvin 1118

● Ζάχαρη από ζαχαροκάλαμο (μπορεί να χρειαστεί ή όχι)

● Τρυγικό οξύ (μπορεί να χρειαστεί ή όχι)

ΚΑΤΕΥΘΎΝΣΕΙΣ:

a) Χρησιμοποιώντας το υδρόμετρο σας ως οδηγό, προσθέστε ζάχαρη από ζαχαροκάλαμο στο χυμό αχλαδιού για να το φέρετε τουλάχιστον στο 1.050.

b) Ελέγξτε το επίπεδο οξέος με ένα κιτ τιτλοδότησης. Εάν το οξύ είναι μικρότερο από 0,6%, προσθέστε τρυγικό οξύ για να φτάσετε στο 0,6%. Αποφύγετε το ράφι για να ενθαρρύνετε τη μηλογαλακτική δραστηριότητα.

c) Αφήστε το απίτη να ξεκουραστεί τον χειμώνα, αν είναι δυνατόν, για να ενθαρρύνετε τη μηλογαλακτική δραστηριότητα που εξομαλύνει τη γεύση.

d) Κρατήστε το κάρβουνο συμπληρωμένο για να αποτρέψετε το σχηματισμό ξυδιού.

e) Μπουκάλι μετά το καθάρισμα.

14. κόλιανδρο και πορτοκαλί μπύρα

ΣΥΣΤΑΤΙΚΆ:

ΠΡΟΕΤΟΙΜΑΣΙΑ ΤΟΥ ΒΟΥΡΤΟΥ

- 20 φλιτζάνια (5 λίτρα) φιλτραρισμένο νερό

- 2/3 φλιτζάνι (135 g) θρυμματισμένοι κόκκοι βύνης σιταριού

- 2/3 φλιτζάνι (90 g) θρυμματισμένοι κόκκοι βύνης CaraAmber

- 3 φλιτζάνια (500 g) εκχύλισμα ωχρής βύνης

- ¼ φλιτζάνι (35 g) σφαιρίδια λυκίσκου Simcoe

ΨΥΞΗ

- 1 σακούλα (6 λίβρες/2,7 κιλά) παγάκια

- Στήσιμο της μαγιάς

- 6 g (περίπου ½ από ένα πακέτο 11,5 g) μαγιά Lallemand Belle Saison

- Προσθέτοντας τα Αρωματικά

- 8 αποξηραμένες φλούδες πικρού πορτοκαλιού

- 1 φλιτζάνι (35 g) μίσχοι και φύλλα κόλιανδρου, ψιλοκομμένα

ΕΜΦΙΑΛΩΣΗ

- ½ φλιτζάνι (125 ml) νερό

- 2 ½ κουταλιές της σούπας δεξτρόζη

- 8 καφέ γυάλινα μπουκάλια (16 oz./500 ml το καθένα) με αιωρούμενο καπάκι

ΚΑΤΕΥΘΎΝΣΕΙΣ:

ΠΡΟΕΤΟΙΜΑΣΙΑ ΤΟΥ ΒΟΥΡΤΟΥ

a) Σε μια μεγάλη κατσαρόλα 20 φλιτζανιών (5 λίτρα), ζεστάνετε 8 φλιτζάνια (2 λίτρα) νερό μέχρι να φτάσει στους 68°C. Αποσύρουμε από τη φωτιά. Προσθέστε και τους δύο τύπους θρυμματισμένων κόκκων βύνης και καλύψτε. Τυλίξτε την κατσαρόλα σε μια πετσέτα για να κρατηθεί στη φωτιά. Αφήστε να καθίσει για 15 λεπτά.

b) Στερεώστε ένα λεπτό κόσκινο στο χείλος μιας κατσαρόλας 32 φλιτζανιών (8 λίτρων) και ρίξτε αργά το μείγμα νερού και βύνης μέσα από το κόσκινο. Ξεπλύνετε την πρώτη κατσαρόλα για να καθαρίσετε τυχόν υπολείμματα. Τοποθετούμε το κόσκινο που κρατά τη θρυμματισμένη βύνη πάνω από την καθαρισμένη κατσαρόλα και περιχύνουμε με το υγρό τους κόκκους. Επαναλάβετε αυτή τη διαδικασία τέσσερις φορές, φιλτράροντας το υγρό πάνω από τους κόκκους από τη μια κατσαρόλα στην άλλη καθαρισμένη κατσαρόλα. Τελειώστε φιλτράροντας το υγρό στη μεγαλύτερη από τις δύο γλάστρες.

c) Προσθέστε το υπόλοιπο νερό (12 φλιτζάνια/3 λίτρα) στο υγρό της κατσαρόλας. Προσθέστε το εκχύλισμα βύνης και χτυπήστε μέχρι να διαλυθεί τελείως. Αφήστε να πάρει μια βράση. Χαμηλώνουμε τη φωτιά και σιγοβράζουμε για 25 λεπτά. Προσθέστε σταδιακά τον Λυκίσκο χωρίς να αφήσετε το υγρό να βράσει. Σιγοβράζουμε για 5 λεπτά.

ΨΥΞΗ

d) Μπλοκάρετε την αποχέτευση του νεροχύτη σας. Καλύψτε την κατσαρόλα με το μούστο και τοποθετήστε το στο νεροχύτη. Προσθέστε τη σακούλα με τα παγάκια και αρκετό κρύο νερό στο νεροχύτη για να φτάσει στο ίδιο επίπεδο με το υγρό μέσα στην κατσαρόλα. Αφαιρέστε το καπάκι. Αφήστε να κρυώσει έως ότου ένα θερμόμετρο βυθισμένο στο μούστο δείχνει 68°F (20°C).

ΡΙΖΟΝΤΑΣ ΤΗ ΜΑΓΙΑ

e) Τοποθετήστε ένα χωνί στο λαιμό ενός ζυμωτήρα. Τοποθετούμε μια λεπτή σήτα στο χωνί. Ρίξτε σιγά σιγά το μούστο μέσα από το κόσκινο (βλ. σημείωση 1). Προσθέστε τη μαγιά στο ζυμωτήριο. Ανακατεύουμε ζωηρά με μια μακριά κουτάλα να διαλυθεί η μαγιά.

f) Γεμίστε έναν αεραγωγό ζύμωσης με νερό μέχρι την υποδεικνυόμενη γραμμή. Κλείστε το airlock. Τοποθετήστε σταθερά την άκρη της κλειδαριάς αέρα σε ένα ελαστικό πώμα. Τοποθετήστε το πώμα στο λαιμό του ζυμωτήρα.

g) Τοποθετήστε τον ζυμωτήρα σε σκοτεινό, ξηρό σημείο στους περίπου 70°F (21°C) για 21 ημέρες.

ΠΡΟΣΘΗΚΗ ΤΩΝ ΑΡΩΜΑΤΙΚΩΝ

h) Την 18η μέρα βάζετε τις φλούδες πορτοκαλιού σε ένα μικρό μπολ. Καλύψτε με βραστό νερό. Στραγγίζουμε καλά. Ανοίξτε τον ζυμωτήρα. Προσθέστε τις φλούδες πορτοκαλιού και τον κόλιαντρο στην μπύρα. Μην ανακατεύετε. Κλείστε τον ζυμωτήρα.

i) Η μπύρα είναι έτοιμη για εμφιάλωση.

15.   Μπύρα πατάτας

ΣΥΣΤΑΤΙΚΆ:

- 3,25 λίβρες (1,5 κιλά) Πίλ δύο σειρών παλ ή βύνη μπύρας (2-4° L)

- 2,5 λίβρες (1,13 κιλά) βύνη Μονάχου (περίπου 10° L)

- 6,5 λίβρες (3 κιλά) Καθαρισμένες ωμές πατάτες σε θερμοκρασία δωματίου

- 1,33 oz. (37 g) Πικρός λυκίσκος 5% AA (Tettnanger, Fuggles, East Kent Goldings ή Galena)

- 0,5 oz. (14 g) Άρωμα Λυκίσκου (Tettnanger, Fuggles, East Kent Goldings ή Willamette)

- 1 κουταλάκι του γλυκού (5 ml) ιρλανδικό βρύα

- 1 πακέτο Wyeast 1028 London, White Labs WLP005 British, Wyeast 1007 German Ale, White Labs WLP036 Alt, Wyeast 2042 Danish, ή WLP830 German Lager

- 1 φλιτζάνι (237 ml) DME ή ζάχαρη καλαμποκιού (για εμφιάλωση)

ΚΑΤΕΥΘΎΝΣΕΙΣ:

α) Χρησιμοποιώντας ένα μπλέντερ ή ρύζι, μουσκέψτε τις καθαρισμένες, ωμές πατάτες. Στη συνέχεια, φτιάξτε έναν γρήγορο, παχύρρευστο πολτό σε θερμοκρασία περίπου 156°F (69°C).

b) Χρησιμοποιήστε τη λιγότερη δυνατή ποσότητα νερού, αλλά αποφύγετε τους σβόλους και τα ξηρά σημεία. Στη συνέχεια, ρίξτε τον πουρέ πατάτας στο στρώμα των δημητριακών και ανακατέψτε ομοιόμορφα τους κόκκους και τις πατάτες για μέγιστη έκθεση και των δύο σε όλα τα άμυλα στον πουρέ.

c) Τέλος, γεμίστε το στρώμα σιτηρών/πατάτας με περίπου μια ίντσα νερό στους περίπου 172°F (78°C).

d) Όλη η μετατροπή του αμύλου θα πρέπει να ολοκληρωθεί εντός περίπου 20 λεπτών από την ανάμειξη του κόκκου με το χυλό πατάτας. Σε αυτό το σημείο, μπορείτε να ξεκινήσετε την ανακυκλοφορία του μούστου για 15-20 λεπτά.

e) Ρίξτε το μούστο σε ένα βραστήρα παρασκευής και σταματήστε να ψεκάζετε όταν η βαρύτητα του βραστήρα είναι περίπου 1.044. Επιτρέποντας 10% εξάτμιση, αυτή η βαρύτητα πριν από το βρασμό θα πρέπει να φτάσει το παρασκεύασμά σας στον στόχο OG του 1,048.

f) Προσθέστε τον πικρό Λυκίσκο 15 λεπτά σε βρασμό. Προσθέστε άρωμα Λυκίσκο 10 λεπτά πριν το τέλος του βρασμού.

16. Τζιτζιμπίρα

Απόδοση: 1 μερίδα

ΣΥΣΤΑΤΙΚΆ:

- 1 ρίζα τζίντζερ

- 1 λεμόνι, μόνο τριμμένη φλούδα

- 2 ουγγιές κρέμα ταρτάρ

- $1\frac{1}{2}$ κιλό Ζάχαρη

- 1-γαλόνι Νερό; βρασμός

- 1 Φάκελος μαγιά

ΚΑΤΕΥΘΎΝΣΕΙΣ:

a) Τρίβουμε και πολτοποιούμε καλά τη ρίζα τζίντζερ σε ένα μπολ. Τοποθετούμε σε μια μεγάλη κατσαρόλα και προσθέτουμε όλα τα υλικά εκτός από τη μαγιά.

b) Ανακατεύουμε μέχρι να διαλυθεί η ζάχαρη και η κρέμα ταρτάρ. Αφήνουμε το μείγμα να κρυώσει και μετά προσθέτουμε τη μαγιά που έχει ξεκινήσει σε λίγο χλιαρό νερό.

c) Καλύψτε σφιχτά για 6 ώρες, στη συνέχεια διηθήστε πρώτα μέσα από ένα σουρωτήρι τσαγιού ή παρόμοιο και μετά μέσα από ένα πανί. Μπουκάλι και καπάκι ερμητικά σφραγισμένο.

d) Τοποθετήστε σε σκοτεινό, δροσερό (60 μοίρες) μέρος για δύο εβδομάδες. Ψύξτε πλήρως πριν το ανοίξετε για να πιείτε.

17.   Jalapeno και Ginger Beer

ΣΥΣΤΑΤΙΚΆ

- 2 1/2 φλιτζάνια ζεστό, φιλτραρισμένο νερό

- 1 1/2 κουταλάκι του γλυκού μαγιά σαμπάνιας

- 1 κουταλιά της σούπας φρεσκοτριμμένο τζίντζερ, περισσότερο για γεύση

- 1 κουταλιά της σούπας κρυσταλλική ζάχαρη, περισσότερο για γεύση

- 2 λεμόνια, χυμωμένα

- 1 jalapeno, σε φέτες (προαιρετικά)

- 1 μεγάλο γυάλινο βάζο

- 2 καθαρά μπουκάλια σόδας

ΚΑΤΕΥΘΎΝΣΕΙΣ

a) Ανακατεύουμε τη μαγιά στο χλιαρό νερό μέχρι να διαλυθεί. Προσθέστε 1 κουταλιά της σούπας φρεσκοτριμμένο τζίντζερ, 1 κουταλιά της σούπας ζάχαρη, το χυμό λεμονιού, το jalapeno σε φέτες και ανακατέψτε να ενωθούν.

b) Ρίξτε σε ένα γυάλινο βάζο και καλύψτε με μια καθαρή, στεγνή πετσέτα κουζίνας και στερεώστε το πάνω από το βάζο με ένα λαστιχάκι. Τοποθετήστε το βάζο στο πιο ζεστό μέρος του σπιτιού σας. Δίπλα στο καλοριφέρ σας, κοντά στο ψυγείο ή δίπλα σε αεραγωγό θερμότητας.

c) Ανακατέψτε μέχρι να διαλυθεί η ζάχαρη, μετά επανατοποθετήστε την πετσέτα και βάλτε το φυτό σας ξανά σε ζεστό μέρος.

d) Τώρα είναι ώρα για εμφιάλωση. Υπολογίστε πόσο νερό θα χρειαστείτε για να γεμίσετε αυτά τα μπουκάλια κατά τα 3/4 και μετά βράστε τα για να καθαριστούν. Διαλύστε αρκετή ζάχαρη στο νερό ώστε να έχει πολύ γλυκιά γεύση -- τόσο γλυκιά όσο η σόδα. Μπορείτε επίσης να το προσαρμόσετε αργότερα.

e) Χρησιμοποιώντας ένα πανί, στραγγίστε το φυτό σε ένα μεγάλο μεζούρα ή ένα μπολ.

f) Χρησιμοποιώντας ένα χωνί, προσθέστε περίπου ένα φλιτζάνι από το φυτικό υγρό σε κάθε καθαρό, στεγνό μπουκάλι σόδας. Προσθέστε γλυκό νερό στα μπουκάλια μέχρι να γεμίσουν τα 3/4 και μετά ανακατέψτε με ένα για να ενωθούν.

g) Κλείστε καλά τα μπουκάλια με το καπάκι τους και τοποθετήστε τα ξανά στο ζεστό μέρος που είχατε το φυτό σας.

h) Μετά από μιάμιση έως δύο εβδομάδες, η μαγιά θα πρέπει να έχει φάει το μεγαλύτερο μέρος της ζάχαρης στο μπουκάλι. Αυτό σημαίνει ότι η μπύρα τζίντζερ σας είναι έτοιμη να ανοίξει και να δοκιμάσει!

18. Kvass γλυκοπατάτας

ΜΕΡΙΔΙΕΣ: 4 ποτήρια

ΣΥΣΤΑΤΙΚΆ:

- 400 γρ ωμή γλυκοπατάτα πλυμένη, ξεφλουδισμένη και τριμμένη
- 150 γραμμάρια Jaggery ή καστανή ζάχαρη
- νερό

ΚΑΤΕΥΘΎΝΣΕΙΣ:

a) Προσθέστε την τριμμένη γλυκοπατάτα στο βάζο του ζυμωτήρα 2 λίτρων.

b) Ανακατεύουμε το jaggery και προσθέτουμε νερό για να δημιουργηθούν περίπου 2 λίτρα μείγματος.

c) Το σκεπάζουμε με ένα πανί δεμένο στο καπάκι και περιμένουμε 2 μέρες να πάρει ταχύτητα η ζύμωση.

d) Το ανακατεύετε κάθε μέρα για να αποφύγετε το σχηματισμό μούχλας και βεβαιωθείτε ότι η ζάχαρη διαλύεται και ανακατεύεται καλά

e) Μετά από 2 μέρες όταν γίνει αφρώδης. Το δοκιμάζετε περιοδικά για να βεβαιωθείτε ότι δεν είναι πολύ πικάντικο.

f) Φιλτράρουμε με ένα πανί και το ρίχνουμε σε αεροστεγές μπουκάλια.

g) δώστε άλλη μία ή δύο μέρες για να ανθρακωθούν τα μπουκάλια. Στη συνέχεια κρυώστε τα μπουκάλια και σερβίρετε.

19.   Holiday Pumpkin Ale

Απόδοση: 6 γαλόνια ΗΠΑ (22,7 L)

ΣΥΣΤΑΤΙΚΆ:

Βύνες

- 8,0 λίβρες (3,6 κιλά) Maris Otter malt

- 4,0 λίβρες (1,8 κιλά) βύνη Munich

- 2,0 λίβρες (907 g) Αρωματική βύνη

- 10 ουγκιές. (284 g) βύνη CaraMunich

Ζυμώσιμα

- 8 ουγγιές. (227 g) καστανή ζάχαρη

- 5 λίβρες (2,3 κιλά) κολοκύθα παρασκευασμένη σύμφωνα με τις οδηγίες, βράστε 90 λεπτά

- 1,25 oz. (35 g) Fuggle 4,6% άλφα pellet Hops, 45 min

- 3,0 κουταλάκι του γλυκού κανέλα, 5 λεπτά

- 1,9 κουταλάκι του γλυκού μοσχοκάρυδο, φρέσκο, 5 λεπτά

- 1,0 κουταλιά της σούπας ρίζα τζίντζερ, 5 λεπτά

- 4,0 κουταλάκι του γλυκού βανίλια, δευτερεύων ζυμωτήρας

- 3,5 ουγκιές. (100 g) ζάχαρη ασταρώματος

Μαγιά

- White Labs 002 English Ale Yeast

ΚΑΤΕΥΘΎΝΣΕΙΣ:

a) Χρησιμοποιήστε έναν πουρέ έγχυσης ενός σταδίου. Προσθέστε 19 λίτρα (18 λίτρα) νερού 168° F (76° C) στους θρυμματισμένους κόκκους για να δημιουργήσετε μια θερμοκρασία πολτοποίησης 155° F (68° C). Κρατήστε για 60 λεπτά. Συλλέξτε 7,5 γαλόνια (28,4 L) μούστου. Προσθέστε την κολοκύθα και αφήστε να πάρει μια βράση.

b) Προσθέστε καστανή ζάχαρη και Λυκίσκο στα 60 και 45 λεπτά, αντίστοιχα. Προσθέστε μπαχαρικά με τα πέντε λεπτά να απομένουν και αφήστε τα να βράσουν για άλλα πέντε λεπτά. Ζυμώστε για μια εβδομάδα.

c) Σχάρα σε δευτερεύοντα ζυμωτήρα. Δοκιμάζουμε, προσθέτουμε βανίλια και επιπλέον μπαχαρικά αν χρειάζεται.

d) Αφήστε δύο εβδομάδες στη δευτερεύουσα. Ασταρώνουμε με ζάχαρη, μπουκάλι ή βαρέλι.

20. Ποτό τεύτλων μπύρας

Μερίδες 1

ΣΥΣΤΑΤΙΚΆ

- 1 ουγκιά. Vodka Ocean Vodka που χρησιμοποιείται εδώ

- 1 ουγκιά. Φρέσκος χυμός ανανά

- 1/2 ουγκιά. Σιρόπι μελιού σε αναλογία 1:1

- 1 ουγκιά. Μάρκα Beet Kvass Turmeric and Black Pepper

- 1 ουγκιά. Big Drop Brewing Pale Blanche

- Φρέσκο σπασμένο μαύρο πιπέρι για γαρνιτούρα

ΚΑΤΕΥΘΎΝΣΕΙΣ:

a) Σε ένα σέικερ, προσθέστε τα πρώτα τέσσερα υλικά σας. Δώστε σε αυτό ένα γρήγορο κούνημα και στραγγίστε το πάνω από πάγο σε ποτήρι Collins.

b) Περιχύνουμε με μπύρα και γαρνίρουμε με μαύρο πιπέρι!

21. Summer Red Herbal Saison

ΣΥΣΤΑΤΙΚΆ:

- 1 φλιτζάνι αποξηραμένο βάλσαμο λεμονιού

- 3/4 φλιτζανιού λουίζα αποξηραμένο λεμόνι

- 1/2 φλιτζάνι αποξηραμένος ιβίσκος

- 1/4 φλιτζανιού αποξηραμένο τίλιο

- 1 κιλό καστανή ζάχαρη

- Safe Ale US-05 Dry Ale Yeast

ΚΑΤΕΥΘΎΝΣΕΙΣ

a) Απολυμάνετε όλο τον εξοπλισμό σας με το απολυμαντικό Star San.

b) Φέρτε 1 γαλόνι νερό να βράσει. Αποσύρουμε από τη φωτιά. Προσθέστε όλα τα βότανα. Σκεπάζουμε και βράζουμε για μία ώρα. Σουρώνουμε και κρυώνουμε.

c) Μόλις κρυώσει προσθέτουμε τη ζάχαρη και διαλύουμε.

d) Ρίξτε το βότανο σας (αλλιώς γνωστό ως γλυκό έγχυμα) στο κάρβουνο (ή στο δοχείο ζυθοποιίας). (Θα πρέπει να γεμίσετε μόνο μέχρι τη βάση του ώμου του μπουκαλιού.)

e) Προσθέστε τη μαγιά σας και βάλτε το airlock σας στη θέση του.

f) Βάλτε το καρμπόι σας σε σκοτεινό, δροσερό μέρος γύρω στους 68-70 βαθμούς.

g) Ελέγξτε καθημερινά για να δείτε τη δραστηριότητά του. Μόλις σταματήσει να αναβράζει για λίγες μέρες και είναι καθαρό, δώστε του μια γεύση για να δείτε αν έχει φύγει η γλύκα. Αν ναι, κάντε ξανά μια ανάγνωση με βαρύτητα για να συγκρίνετε την ανάγνωση αλκοόλ με την αρχική σας ανάγνωση.

h) Απολυμάνετε τα μπουκάλια μπύρας, τα καπάκια και το αυτόματο σιφόνι για να προετοιμαστείτε για εμφιάλωση.

i) Γεμίστε τα μπουκάλια μπύρας με 1/2 κουταλάκι του γλυκού ζάχαρη πριν τα γεμίσετε με την μπύρα σας.

j) Χρησιμοποιώντας το αυτόματο σιφόνι, γεμίστε τα μπουκάλια σας (προσέχοντας να μην ρουφήξετε την υπολειμματική μαγιά στο κάτω μέρος του καρμπόι) μέχρι να μείνουν 2 ίντσες αέρα στο μπουκάλι.

k) Καπάκι, τοποθετήστε ετικέτα και φυλάξτε το στο ψυγείο.

l) Θα είναι έτοιμα για κατανάλωση σε μερικές εβδομάδες.

22. <u>Μπύρα με λεμόνι Mugwort</u>

Μερίδες 16

ΣΥΣΤΑΤΙΚΆ

- 1 γαλόνι νερό πηγής ή απεσταγμένο νερό

- 3 ουγγιές (8 g) αποξηραμένα φύλλα mugwort

- 1,25 λίβρα μαύρη ζάχαρη

- 3 μεγάλα λεμόνια

- 1 φλιτζάνι μίζα άγριας μαγιάς

ΚΑΤΕΥΘΎΝΣΕΙΣ:

a) Σε μια μεγάλη κατσαρόλα ανακατεύουμε το νερό, το λαχανόχορτο και την καστανή ζάχαρη. Κόβουμε και στύβουμε τα λεμόνια στην κατσαρόλα. Φέρτε το διάλυμα σε βρασμό. το αφήνουμε να βράσει για 30 λεπτά.

b) Τοποθετήστε την κατσαρόλα σε ένα τηγάνι με κρύο νερό. ψύξτε στους 70°F (21°C) και μετά προσθέστε τη μαγιά.

c) Στραγγίστε το παρασκεύασμα στον ζυμωτήρα σας. Τοποθετήστε την κλειδαριά αερισμού ή καλύψτε τον ζυμωτήρα με μια χαρτοπετσέτα ή πανί. Αφήστε το ρόφημα να ζυμωθεί για 10 ημέρες.

d) Σιφωνίζουμε σε μπουκάλια μπύρας και ασταρώνουμε τα μπουκάλια με 1/2 κουταλάκι του γλυκού καστανή ζάχαρη για ενανθράκωση (προαιρετικά).

e) Κλείστε τα μπουκάλια και φυλάξτε τα σε μέρος όχι πολύ ζεστό. Η μπύρα θα είναι έτοιμη για κατανάλωση σε 3 έως 4 εβδομάδες.

23. Καλοκαιρινή μπύρα με λεμόνι Yarrow

Απόδοση: 5 γαλόνια

ΣΥΣΤΑΤΙΚΆ:

- ¾ pound (340 g) βιολογική βύνη pilsner, θρυμματισμένη

- ½ λίβρα (226 g) βιολογική ελαφριά βύνη σίτου

- ½ λίβρα (226 g) βιολογική ελαφριά βύνη Μονάχου

- 4 λίβρες (1,8 κιλά) οργανικό εκχύλισμα ωχρού ξηρού βύνης

- 2 λίβρες (900 g) ελαφρύ μέλι (τριφύλλι ή άνθη πορτοκαλιάς)

- ¾ ουγγιά (21 g) λυκίσκος pellet, AA 8%, 6 HBU

- ½ κουταλάκι του γλυκού (2,5 ml) βιολογικό ιρλανδικό βρύα

- 1 ουγγιά (28 g) American Citra

- ¾ ουγγιά (21 g) αποξηραμένα

- 1-2 ουγγιές (28-57 g) φρέσκο ξύσμα από 3 ή 4 λεμόνια Meyer

- White Labs 002 Αγγλική μαγιά μπύρα

- ¾ ουγγιά (21 g) αποξηραμένα

- ½ φλιτζάνι (118 mL) βιολογική ζάχαρη καλαμποκιού για αστάρωμα

ΚΑΤΕΥΘΎΝΣΕΙΣ

a) Ανακατέψτε τους κόκκους με τουλάχιστον 3 λίτρα νερού ή γεμίστε μια σακούλα με δημητριακά και τοποθετήστε την στην κατσαρόλα παρασκευής γεμάτη με νερό. Ζεσταίνουμε απαλά στους 150°F (66°C) και βράζουμε απότομα για 15 έως 20 λεπτά. Στραγγίστε όλο το υγρό από τους κόκκους. Προσθέστε αρκετό νερό στο γλεύκος για να γεμίσετε τον βραστήρα. Ο συνολικός όγκος πρέπει να είναι 5¼ έως 5½ γαλόνια (20 έως 21 L) (προσαρμόστε το σύστημα παρασκευής σας).

b) Ζεσταίνουμε λίγο πριν βράσει, προσθέτουμε εκχύλισμα βύνης και μέλι και διαλύουμε εντελώς. Αφήστε να πάρει μια βράση.

c) Μόλις ο μούστος φτάσει σε πλήρη βράση, ξεκινήστε το χρονόμετρο και προσθέστε λυκίσκο. Βράζουμε 40 λεπτά. Προσθέστε το ιρλανδικό βρύα και βράστε για 15 λεπτά. Προσθέστε λυκίσκο καταρράκτη και ¾ ουγγιάς yarrow και, στη συνέχεια, απενεργοποιήστε τη θερμότητα. Μόλις σβήσει η φωτιά προσθέτουμε το ξύσμα εσπεριδοειδών και ανακατεύουμε καλά. Αφήνουμε να βράσουν 2 λεπτά πριν κρυώσουν.

d) Ψύξτε το μούστο στους 65 έως 70°F (18 έως 21°C). Μεταφέρετε σε απολυμασμένο ζυμωτήρα και αερίστε καλά.

e) Προσθέστε τη μαγιά και στη συνέχεια ζυμώστε για 5 έως 7 ημέρες. Αν θέλετε, τοποθετήστε το σε δευτερεύον ζυμωτήρα. Προσθέστε επιπλέον ¾ ουγγιάς yarrow για ζύμωση. Ζυμώστε επιπλέον 7 έως 10 ημέρες.

f) Ασταρώστε και εμφιαλώστε την μπύρα χρησιμοποιώντας ζάχαρη καλαμποκιού όταν ολοκληρωθεί η ζύμωση. Αφήστε να ρυθμιστεί για τουλάχιστον 14 έως 21 ημέρες.

24. Μπύρα Soltice Spiced

Απόδοση: 5 γαλόνια (19 L)

ΣΥΣΤΑΤΙΚΑ:

- 8,0 λίβρες (3,62 κιλά) ωχρό εκχύλισμα

- 1,0 λίβρα (0,45 κιλά) Κεχριμπάρι βελγική ζάχαρη candi (αντικαταστάσεις κατά σειρά προτίμησης: αχνή ζάχαρη candi, ζάχαρη καλαμποκιού)

- 1,0 λίβρα (0,45 κιλά) Belgian Special B malt

- 1,0 λίβρα (0,45 κιλά) βύνη Βιέννης

- 1,0 λίβρα (0,45 κιλά) βύνη Munich

- 1,0 λίβρα (0,45 κιλά) κρυσταλλική βύνη 75°L

- 0,5 λίβρες (25 g) νιφάδες κριθαριού

- 1,0 ουγκιά. (28 g) Πέλλετ λυκίσκου Chinook, 12,2% αα (45 λεπτά)

- 1,0 ουγκιά. (28 γρ.) Πέλλετ λυκίσκου Saaz (νοκ άουτ)

- 1 κουταλιά της σούπας γύψο (προστίθεται στο πουρέ νερό)

- 0,5 κουταλάκι του γλυκού ιρλανδικό βρύα (βελτιώνει τη διαύγεια)

- 0,25 κουταλάκι του γλυκού αποξηραμένο τζίντζερ

- 1 κουταλάκι του γλυκού μοσχοκάρυδο

- 1 κουταλάκι του γλυκού κανέλα

- Ξύσμα από 1/2 πορτοκάλι

- London Ale Yeast (Wyeast 1028)

ΚΑΤΕΥΘΎΝΣΕΙΣ:

a) Πολτοποιήστε τους κόκκους σε 2 γαλόνια (7,6 λίτρα) νερού στους 156°F (69°C) για 30 λεπτά. Ψεκάστε με 2 γαλόνια (7,6 λίτρα) νερού 180°F (82°C).

b) Για εμποτισμό δημητριακών: βάλτε κόκκους σε σακούλα σε ποσότητα κρύου νερού που χρησιμοποιείτε συνήθως για την παρασκευή. Ζεστάνετε το νερό στους 150 έως 160°F (66 έως 71°C), αφήστε το να καθίσει για 5 λεπτά, αφαιρέστε τους κόκκους.

c) Για όλα τα δημητριακά: Πολτοποιήστε σε 4 γαλόνια (15,1 λίτρα) νερό στους 156°F (69°C) για 45 λεπτά, ψεκάστε με 3 γαλόνια (11,4 λίτρα) νερού 180°F (82°C).

d) Προσθέστε το εκχύλισμα και τη ζάχαρη candi και αφήστε να πάρει μια βράση. Προσθέστε τον λυκίσκο Chinook και βράστε για 45 λεπτά.

e) Προσθέστε μπαχαρικά και ιρλανδικό βρύα και βράστε 15 λεπτά ακόμα. Προσθέστε Saaz Hops στο τέλος του βρασμού.

f) Ψύξτε και ρίξτε μαγιά. ζυμώστε στους 65°F (18°C) για δύο εβδομάδες.

g) Γεράστε τουλάχιστον άλλες δύο εβδομάδες πριν πιείτε.

25. Ζεστή μπύρα με μπαχαρικά και κονιάκ

απόδοση: 2

ΣΥΣΤΑΤΙΚΆ:

- 18 ουγκιές. Χριστουγεννιάτικη μπύρα

- 2 $\frac{1}{2}$ κουταλιές της σούπας καστανή ζάχαρη

- 4-6 σκελίδες για γεύση

- Γλυκάνισο 2 αστέρων

- 1 ξυλάκι κανέλας

- $\frac{1}{2}$ κουταλάκι του γλυκού αλεσμένο μοσχοκάρυδο

- 6 κομμάτια φλούδα πορτοκαλιού

- 3 ουγκιές. κονιάκ

ΚΑΤΕΥΘΎΝΣΕΙΣ:

a) Σε μια κατσαρόλα ή μια μικρή κατσαρόλα ανακατεύουμε την ale (ενάμιση μπουκάλι, 18 ουγκιές συνολικά) με την καστανή ζάχαρη και το μοσχοκάρυδο, προσθέτουμε το γαρύφαλλο, τον αστεροειδή γλυκάνισο, το ξύλο κανέλας και τη φλούδα πορτοκαλιού.

b) Αφήνουμε να σιγοβράσει ελαφρά (δεν το αφήνουμε να βράσει), ανακατεύουμε να διαλυθεί η ζάχαρη και αφήνουμε να σιγοβράσει για 2-3 λεπτά για να εμποτιστεί καλά με τα μπαχαρικά.

c) Αποσύρουμε από τη φωτιά και προσθέτουμε το κονιάκ.

d) Σερβίρουμε σε κούπες, γαρνίρουμε με μια φέτα πορτοκαλιού και απολαμβάνουμε υπεύθυνα.

26. Brown Butter Spiced Ale

ΣΕΡΒΙΖΕΙ 2

ΣΥΣΤΑΤΙΚΆ

- 12 ουγγιές μπίρα της επιλογής σας (το νέο μου αγαπημένο είναι η μπύρα κολοκύθας)

- 2 κουταλιές της σούπας ανάλατο βούτυρο, ροδισμένο

- 3 κουταλιές της σούπας καστανή ζάχαρη

- 1/4 κουταλάκι του γλυκού τζίντζερ

- 1/4 κουταλάκι του γλυκού κανέλα

- 1/4 κουταλάκι του γλυκού μοσχοκάρυδο

- Πιτσιλίστε κονιάκ (περίπου 1 κουταλιά της σούπας) ανά ποτήρι

- 1 ξυλάκι κανέλας για γαρνίρισμα

ΚΑΤΕΥΘΎΝΣΕΙΣ

a) Προσθέστε το βούτυρο σε μια μικρή κατσαρόλα και λιώστε σε μέτρια φωτιά.

b) Μαγειρέψτε μέχρι το βούτυρο να γίνει ανοιχτό καφέ και να έχει μια ελαφρά μυρωδιά ξηρού καρπού (περίπου 3 λεπτά).

c) Μειώστε τη φωτιά στο χαμηλό και προσθέστε την καστανή ζάχαρη και τα μπαχαρικά -- μαγειρέψτε μέχρι να διαλυθεί η καστανή ζάχαρη και το μείγμα να γίνει σαν πάστα.

d) Ξύστε σε μικρό μπολ ή ραμεκίν και σκεπάστε με αλουμινόχαρτο για να διατηρηθεί ζεστό.

e) Προσθέστε την μπύρα στην ίδια κατσαρόλα και ζεστάνετε σε μέτρια φωτιά μέχρι να ζεσταθεί.

f) Ρίξτε δύο κουταλιές της σούπας από το μείγμα του βουτύρου σε ποτήρι σερβιρίσματος, ρίξτε ζεστή μπύρα στο ποτήρι και προσθέστε μια πιτούλα κονιάκ (περίπου 1 ή 2 κουταλιές της σούπας) και ανακατέψτε.

g) Γαρνίρουμε με ξυλάκι κανέλας.

27.   Μπύρα με μπαχαρικά και βότανα

Απόδοση: 6,1 γαλλ. (23 L)

ΣΥΣΤΑΤΙΚΆ:

Βύνες

- 10 λίβρες (4,54 κιλά) Avangard Pilsner Malt (87%)

- 1 λίβρα (454 γρ.) Λευκή βύνη από σιτάρι Briess (8,7%)

- 4 ουγκιές. (113 g) Briess Carapils (2,2%)

- 4 ουγκιές. (113 g) Cargill (Gambrinus) Μέλι Βύνη (2,2%)

Λυκίσκος

- 1 ουγκιά. (28 g) Hallertauer, 4% αα, βρασμός 60 λεπτά (13 IBU)

- 1 ουγκιά. (28 g) Hallertauer, 4% αα, βρασμός 15 λεπτά (6 IBU)

- 1 ουγκιά. (28 g) Hallertauer, 4% αα, ξηρός λυκίσκος 6 ημέρες

Διάφορα

- 0,46 g χλωριούχου ασβεστίου – $CaCl_2$ (πολτός)

- 0,41 g αλάτι Epsom – $MgSO_4$ (πολτός)

- 0,41 g γύψος – $CaSO_4$ (πολτός)

- 0,33 g χλωριούχου ασβεστίου – $CaCl_2$ (σπάρκα)

- 0,3 g αλάτι Epsom – MgSO4 (σπαραγμός)

- 0,3 g γύψος – CaSO4 (σπαραγμός)

- 1 ταμπλέτα Whirlfloc (βρασμό, 15 λεπτά)

- 5 λίβρες ψητό ube (κύριο)

Μαγιά

- 1 φακελάκι Fermentis SafLager S-23

- Προφίλ νερού

- Ca 21 ppm, Mg 3 ppm, Na 2 ppm, Cl 12 ppm, SO4 21 ppm, HCO3 25 ppm

ΚΑΤΕΥΘΎΝΣΕΙΣ:

a) Πολτοποιήστε στους 149°F (65°C) για 60 λεπτά.

b) Πραγματοποιήστε βρασμό 60 λεπτών.

c) Ζυμώστε στο πρωτογενές για 14 ημέρες στους 68°F (20°C).

d) Ανθρακικό έως 2,4 vol. (4,8 g/L) CO2

28. Porter με φιστίκια και βανίλια

ΣΥΣΤΑΤΙΚΆ

- 3200 g βύνη Gladfield Munich

- 600 γραμμάρια βύνη μπισκότων Gladfield

- 450 g Best Rye Malt

- 350 g Gladfield Light Crystal Malt

- 300 g Gladfield Light Chocolate Malt

- Λυκίσκος Magnum 18 γρ

- 500 γρ Κοχύλια Φιστίκι Αιγίνης

- 850 γρ Φιστίκια Αιγίνης (εμποτισμένα με άρωμα βάμμα)

- 2 Φασόλια βανίλιας

- 1 πακέτο Mangrove Jacks New World Strong Ale #M42

ΚΑΤΕΥΘΎΝΣΕΙΣ:

a) Πολτοποιήστε όλους τους κόκκους στους 68 C για 1 ώρα και στη συνέχεια πολτοποιήστε στους 75 C για 10 λεπτά. Σβήνουμε στους 80 βαθμούς και μετά βράζουμε για 1 ώρα.

b) Στα 60 λεπτά προσθέτουμε τον λυκίσκο Magnum. Προσθέστε 15 λεπτά προσθέστε 500 γραμμάρια φιστίκια και κέλυφος από φιστίκια. Ψύξτε και ρίξτε τη μαγιά στους 18,7 C για 7-10 ημέρες.

c) Μετά από 4 μέρες ζύμωσης προσθέτουμε 350 γραμμάρια φιστίκι Αιγίνης και τη βανίλια.

29. Almond-Ale Shandy

6 (1 φλιτζάνι) μερίδες

ΣΥΣΤΑΤΙΚΆ

- 2/3 φλιτζάνι ζάχαρη

- 2 κουταλιές της σούπας φύλλα φρέσκου κόλιανδρου

- 1/2 φλιτζάνι φρέσκο χυμό λεμονιού

- 2 φλιτζάνια παγάκια

- 1 κουταλάκι του γλυκού εκχύλισμα καθαρού αμυγδάλου McCormick®

- 2 φλιτζάνια νερό σέλτζερ

- 1 μπουκάλι (12 ουγγιές) χλωμή μπύρα

ΚΑΤΕΥΘΎΝΣΕΙΣ:

a) Ανακατεύουμε τη ζάχαρη και τον κόλιαντρο σε κανάτα 2 λίτρων με ξύλινη κουτάλα μέχρι να θρυμματιστεί ο κόλιανδρος. Προσθέστε χυμό λεμονιού, πάγο και εκχύλισμα. ανακατεύουμε μέχρι να διαλυθεί η περισσότερη ζάχαρη

b) Ανακατεύουμε με σέλτζερ και μπύρα. Ανακατέψτε καλά. Ρίξτε σε ποτήρια ποτών. Σερβίρετε αμέσως.

30. Καρυδιά Stout

Μέγεθος παρτίδας: 5 γαλόνια (19 λίτρα)

ΣΥΣΤΑΤΙΚΆ:

BYNA/ΣΙΚΗΡΟΛΟΓΟΣ

- 11 λίβρες (4,9 κιλά) Αμερικανική 2 σειρά

- 1 λίβρα (454 g) βύνη σοκολάτας

- 1 λίβρα (454 g) Ειδικό ψητό

- 1 λίβρα (454 g) Crystal 120

- 1 λίβρα (454 g) βύνη λευκού σίτου

- 8 ουγγιές. (227 g) Μόναχο

- 8 ουγγιές. (227 g) Βιέννη

- 8 ουγγιές. (227 g) μαύρη βύνη

- 8 ουγγιές. (227 g) βρώμη

ΠΡΟΓΡΑΜΜΑ ΛΥΚΙΚΩΝ ΚΑΙ ΠΡΟΣΘΗΚΩΝ

- 0,25 oz. (7 g) πικρός λυκίσκος [15% AA] στα 90 λεπτά

- 0,25 oz. (7 g) πικρός λυκίσκος [15% AA] στα 60 λεπτά

- 0,5 oz. (14 g) Williamette [5% AA] στα 30 λεπτά

- 4 ουγκιές. (113 g) μαύρα καρύδια (ψιλοκομμένα και καβουρδισμένα για 15–20 λεπτά στους 350°F/177°C) σε 30 λεπτά

- 1 λίβρα (454 g) D180 σιρόπι βελγικού σκούρου καντί στα 30 λεπτά

- 0,5 oz. (14 g) Williamette [5% ΑΑ] στα 15 λεπτά

ΜΑΓΙΑ

- 1 πακέτο μαγιά American Ale

ΚΑΤΕΥΘΎΝΣΕΙΣ:

a) Πολτοποιήστε τους κόκκους στους 148°F (64°C) για 45 λεπτά.

b) Βράζουμε για 90 λεπτά, ακολουθώντας το πρόγραμμα για λυκίσκο και άλλες προσθήκες.

c) Ψύξτε στους 65°F (18°C) και ρίξτε τη μαγιά.

d) Ζυμώστε στους 65°F (18°C) για 3 ημέρες και στη συνέχεια αφήστε την ελεύθερη θερμοκρασία να ανέβει στους 72°F (22°C) μέχρι η μπύρα να φτάσει στην τελική βαρύτητα.

31. No Fail Stout

Απόδοση: 6 γαλόνια (22,7 L)

ΣΥΣΤΑΤΙΚΆ:

Βύνες και σάκχαρα

- 7 λίβρες (3,28 κιλά) βύνη χλωμό κεχρί

- 5 λίβρες (2,27 κιλά) χλωμή βύνη φαγόπυρου

- 2 λίβρες (907 γρ.) μπισκότο ρύζι βύνη

- 8 ουγγιές. (227 g) ψητό κεχρί σοκολάτας

- 8 ουγγιές. (227 g) σκούρα βύνη ρυζιού

- 4 ουγκιές. (113 g) βύνη ρυζιού Gashog

- 1 λίβρα (454 γρ.) Βελγικό σιρόπι candi D-180 (προσθήκη στο δευτερεύον)

Λυκίσκος

- 0,5 oz. (14 g) CTZ, 14% aa @ 90 min

- 0,5 oz. (14 g) Willamette, 5,5% aa @ 10 min

Μαγιά

- Fermentis Safale S-04 English Ale

Πρόσθετα είδη

- 1 κουταλάκι του γλυκού (5 ml) ένζυμο αμυλάσης προστέθηκε στον πολτό

- 0,25 κουταλάκι του γλυκού (2 g) Irish moss @ 10 λεπτά

- 1 κουταλάκι του γλυκού (5 ml) θρεπτική μαγιά @ 10 λεπτά

- 3,75 oz. (106 g) καλαμποκιού ζάχαρη εάν εμφιαλωθεί

ΚΑΤΕΥΘΎΝΣΕΙΣ:

a) Πολτοποιήστε τους κόκκους με συμπληρωματικό ένζυμο αμυλάσης για 60 λεπτά στους 155° F (68° C).

b) Βράζετε 60 λεπτά, προσθέτοντας Λυκίσκο, ιρλανδικό βρύα και θρεπτική μαγιά στις υποδεικνυόμενες ώρες.

c) Ψύξτε το μούστο στους 67° F (19° C), ρίξτε τη μαγιά και ζυμώστε για 4 ημέρες. Ανακατεύουμε στο δευτερεύον και προσθέτουμε βελγικό σιρόπι candi.

d) Αφήστε την μπύρα να επιτύχει την τελική βαρύτητα πριν την εμφιάλωση ή την εμφιάλωση.

32. Ιρλανδός εύσωμος

Απόδοση: 5 γαλόνια ΗΠΑ. (18,9 L)

ΣΥΣΤΑΤΙΚΆ:

ΒΥΝΕΣ

- 6,5 λίβρες Maris Otter παλ βύνη

- 2 λίβρες κριθάρι σε νιφάδες

- 1,5 λίβρα 550°L ψημένο κριθάρι

- 4 ουγκιές. 550°L μαύρη βύνη

ΛΥΚΙΣΚΟΣ

- 0,75 oz. (21 g) Nugget, 11% aa @ 60 min

- 0,5 oz. (14 g) Galena, 11% aa @ 30 min

- 0,5 oz. (14 g) East Kent Goldings, 4,5% aa @ 10 λεπτά

ΜΑΓΙΑ

- Imperial A10 Darkness

ΚΑΤΕΥΘΎΝΣΕΙΣ:

a) Πολτοποιήστε στους 152°F (67°C) για 60 λεπτά.

b) Βράζουμε 60 λεπτά, προσθέτοντας τον Λυκίσκο όπως υποδεικνύεται.

c) Ζυμώστε στους 64°F (18°C) μέχρι να σταθεροποιηθεί το ειδικό βάρος στο ή κοντά στο 1,014 (3,6°P).

d) Συσκευασία με 1,1 vol. (2,2 g/L) CO_2 και προαιρετικά σερβίρεται σε νίτρο.

33.   Πλιγούρι βρώμης stout

ΣΥΣΤΑΤΙΚΆ

Λογαριασμός σιτηρών

- Pale Malt, Maris Otter 78,6% - 4,4 kg/9¾lb

- Crystal Malt (80L) 3,6% - 200g/7oz

- Βύνη σοκολάτας 3,6% - 200g/7oz

- Pale Chocolate Malt 3,6% - 200g/7oz

- Σοκολάτα Βύνη Σιταριού 3,6% - 200g/7oz

- Βρώμη, ρολό 7,2% - 400g/14oz

Λυκίσκος

- East Kent Goldings (5% AA) Λυκίσκος πρώτου μούστου - 60g/2⅛oz

- East Kent Goldings (5% AA) Βράστε 10 λεπτά - 20 g/¾oz

Μαγιά

- Ξηρά αγγλική μαγιά Ale

- 1 δισκίο Protofloc (Irish Moss).

ΚΑΤΕΥΘΎΝΣΕΙΣ

a) Φέρτε 24 λίτρα/λίτρα νερού στους 70,5°C (159°F).

b) Πολτοποιήστε. Διατηρήστε θερμοκρασία πολτού στους 65,5°C (152°F) για 60 λεπτά.

c) Πολτοποιήστε - αυξήστε τη θερμοκρασία των κόκκων σας στους 75°C (167°F).

d) Ψεκάστε με περίπου 4 λίτρα/λίτρα νερού στους 75°C (167°F) για να φτάσετε τον όγκο πριν από το βρασμό που δεν υπερβαίνει τα 23 λίτρα/τέταρτο.

e) Προσθέστε τον πρώτο σας λυκίσκο. Βράστε το βότανο σας για 60 λεπτά. Προσθέστε την προσθήκη λυκίσκου 10 λεπτά πριν το τέλος του βρασμού σας.

f) Ψύξτε το μούστο σας στους 18°C (64°F). Μετρήστε την αρχική σας βαρύτητα και το ποτό πίσω με νερό υγιεινής για να φτάσετε στο OG που θέλετε.

g) Μεταφέρετε το μούστο σας σε έναν καθαρό και υγιεινό ζυμωτήρα. Αερίστε το γλεύκος σας και ρίξτε την έτοιμη μαγιά σας.

h) Ζυμώστε στον κύριο ζυμωτήρα στους 18-20°C (64-68°F) για 2 εβδομάδες ή μέχρι να έχετε τρεις ίδιες μετρήσεις βαρύτητας σε διάστημα 3 ημερών.

i) Μπουκάλι με 100g/3½oz λευκή επιτραπέζια ζάχαρη για να φτάσετε τους 2,2-2,4 όγκους CO_2.

34. Ιρλανδική εξαγωγική στιβαρή

ΣΥΣΤΑΤΙΚΆ

Λογαριασμός σιτηρών

- Pale Malt, Maris Otter 80,6% – 5kg/11lb

- Special B Malt 3,2% – 200g/7oz

- Βύνη σοκολάτας 4,8% – 300g/10$\frac{1}{2}$oz

- Βύνη Σιταριού Σοκολάτας 4,8% – 200g/7oz

- Σιτάρι χωρίς βύνη 6,5% – 400g/14oz

Λυκίσκος

- Challenger (7,5% AA) Πρώτος λυκίσκος του μούστου – 40g/1$\frac{1}{2}$oz

- Challenger (7,5% AA) Βράστε 15 λεπτά – 20 g/$\frac{3}{4}$oz

Μαγιά

- Ιρλανδική μαγιά Ale? WLP004 ή Wyeast 1084

- 1 δισκίο Protofloc (Irish Moss).

ΚΑΤΕΥΘΎΝΣΕΙΣ

a) Φέρτε 26 λίτρα/λίτρα νερού στους 70°C (158°F).

b) Πολτοποιήστε. Διατηρήστε θερμοκρασία πολτού στους 65°C (149°F) για 60 λεπτά.

c) Πολτοποιήστε - αυξήστε τη θερμοκρασία των κόκκων σας στους 75°C (167°F)

d) Ψεκάστε με περίπου 6 λίτρα/λίτρα νερού στους 75°C (167°F) για να φτάσετε τον όγκο πριν το βρασμό που δεν υπερβαίνει τα 23 λίτρα/τέταρτο.

e) Προσθέστε τον πρώτο σας λυκίσκο. Βράστε το βότανο σας για 60 λεπτά. Προσθέστε την προσθήκη λυκίσκου 15 λεπτά πριν το τέλος του βρασμού σας.

f) Ψύξτε το μούστο σας στους 18°C (64°F). Μετρήστε την αρχική σας βαρύτητα και, στη συνέχεια, επαναλάβετε το ποτό με νερό υγιεινής για να φτάσετε στο OG που θέλετε.

g) Μεταφέρετε το μούστο σας σε έναν καθαρό και υγιεινό ζυμωτήρα. Αερίστε το γλεύκος σας και ρίξτε την έτοιμη μαγιά σας.

h) Ζυμώστε στον κύριο ζυμωτήρα στους 18-20°C (64-68°F) για 2 εβδομάδες ή μέχρι να έχετε τρεις ίδιες μετρήσεις βαρύτητας σε διάστημα 3 ημερών.

i) Μπουκάλι με 100g/3½oz λευκή επιτραπέζια ζάχαρη για να φτάσετε τους 2,2-2,4 όγκους CO_2.

35. Αμερικανική Παλαιά Φρουρά Stout

Μέγεθος παρτίδας: 5,5 γαλόνια (21 λίτρα)

ΣΥΣΤΑΤΙΚΆ

Λογαριασμός βύνης/σιτηρών

- 10 λίβρες (4,5 κιλά) δύο σειρών χλωμό

- 2 λίβρες (907 g) Μόναχο

- 1 λίβρα (454 g) Crystal 60L

- 12 ουγκιές. (340 g) Weyermann Carafa II

- 8 ουγγιές. (227 g) ψημένο κριθάρι

Πρόγραμμα λυκίσκου

- 1 ουγκιά. (28 g) Chinook [13% AA] στα 60 λεπτά

- 1 ουγκιά. (28 g) Centennial [10% AA] σε 10 λεπτά

- 1 ουγκιά. (28 g) Καταρράκτης [7% AA] στο σβήσιμο της φλόγας

Μαγιά

- White Labs WLP001 California Ale

ΚΑΤΕΥΘΎΝΣΕΙΣ

a) Αλέστε τους κόκκους και πολτοποιήστε στους 154°F (68°C) για 60 λεπτά, στοχεύοντας σε pH πολτοποίησης 5,5.

b) Ανεβάστε στους 168°F (76°C) για 10 λεπτά και πολτοποιήστε. Vorlauf μέχρι να καθαρίσουν τα τρεξίματα, μετά τρέξτε στον βραστήρα.

c) Ψεκάστε τους κόκκους και συμπληρώστε όσο χρειάζεται για να λάβετε περίπου 7 γαλόνια (26,5 λίτρα) γλεύκους — ή περισσότερο, ανάλογα με τον ρυθμό εξάτμισης.

d) Βράζουμε για 60 λεπτά, ακολουθώντας το πρόγραμμα του Λυκίσκου.

e) Μετά το βράσιμο, ψύξτε το γλεύκος στους περίπου 67°F (19°C), αερίστε καλά και ρίξτε τη μαγιά.

f) Ζύμωση στους 67°F (19°C). Μόλις ολοκληρωθεί η ζύμωση, κρυώστε, συσκευασία και ανθρακικό.

36. Μαύρο και μαύρισμα

ΣΥΣΤΑΤΙΚΆ

- 6 ουγγιές παλ μπύρα ale

- 6 ουγγιές μπύρα Guinness stout

ΚΑΤΕΥΘΎΝΣΕΙΣ

a) Γεμίστε μια πίντα ποτήρι μέχρι τη μέση με τη χλωμή μπύρα.

b) Pale ale μισογεμάτο σε ένα ποτήρι της πίντας

c) Απλώστε το Guinness από πάνω ρίχνοντάς το σιγά σιγά στο πίσω μέρος ενός κουταλιού για να γεμίσει το ποτήρι. Σερβίρουμε και απολαμβάνουμε.

37.   <u>Organic Juniper Porter</u>

ΣΥΣΤΑΤΙΚΆ:

- 4,4 λίβρες (2 κιλά) οργανικό εκχύλισμα ωχρής βύνης

- 2 λίβρες (0,9 κιλά) Hugh Baird ωχρή οργανική βύνη δύο σειρών

- 1 λίβρα (0,45 κιλά) Briess Organic Munich malt

- 0,75 λίβρες (340 γρ.) Βύνη Βιολογικής καραμέλας Briess 60°L

- 0,75 λίβρες (340 g) Briess Organic σοκολατένια βύνη

- 0,5 oz. (14 g) Βιολογικός λυκίσκος New Zealand Pacific Gem, 31 IBU (60 λεπτά)

- 0,25 oz. (7 g) Βιολογικός λυκίσκος Hallertauer Νέας Ζηλανδίας, 7 IBU (60 λεπτά)

- 0,75 oz. (21 g) Βιολογικός λυκίσκος Hallertauer Νέας Ζηλανδίας

- 1,0 ουγκιά. (28 g) βιολογικά μούρα αρκεύθου

- White Labs English Ale υγρή μαγιά

- 1 φλιτζάνι (237 ml) βιολογικό εκχύλισμα βύνης

- 0,25 κουταλάκι του γλυκού (1 g) Irish moss

- 2 κουταλάκια του γλυκού (10 ml) γύψο

ΚΑΤΕΥΘΎΝΣΕΙΣ:

a) Πολτοποιήστε όλους τους κόκκους στους 152°F (67°C) σε 1,75 γαλόνια (6,6 L) νερού. Ψεκάστε με 1,25 γαλόνια (4,7 L) νερό.

b) Προσθέστε το εκχύλισμα στο συλλεγμένο μούστο, συμπληρώστε με αρκετό νερό ώστε να γίνουν 5,5 γαλόνια (20,8 λίτρα) υγρού και αφήστε το να βράσει. Προσθέστε 0,5 oz. (14 g) NZ pacific Gem και 0,75 oz. (21 g) NZ Hallertauer και βράζουμε για 60 λεπτά. Προσθέστε 0,75 oz. (21 g) NZ Hallertauer, ιρλανδικά βρύα και μούρα αρκεύθου.

c) Κλείστε τη θερμότητα. Ξεκουραστείτε για 10 λεπτά και πιείτε ένα σπιτικό ζυμαρικό. Ψύξτε το μούστο στους 70°F (21°C) και μεταφέρετε στο πρωτεύον. Ρίξτε τη μαγιά και ζυμώστε για έως και μια εβδομάδα στους 65 έως 70°F (18 έως 21°C). Μεταφέρετε σε δευτερεύον και ζυμώστε για άλλες μία έως δύο εβδομάδες.

d) Εμφιαλώστε την μπύρα και βάλτε τη στο μπουκάλι για μία έως τρεις εβδομάδες.

38. <u>αχθοφόρος της Βαλτικής</u>

Απόδοση: 6 US gal (22,7 L)

ΣΥΣΤΑΤΙΚΆ:

ΒΥΝΕΣ

- 8,5 λίβρες (3,86 κιλά) Weyermann Munich Type I

- 7,5 λίβρες (3,40 κιλά) Καπνιστή βύνη Weyermann

- 2 λίβρες (907 g) Weyermann Munich Type II

- 1,25 λίβρες (567 γρ.) Dingemans Special B

- 1 λίβρα (454 g) Weyermann Caraaroma

- 1 λίβρα (454 g) Weyermann Σοκολάτα Σιτάρι

- 12 ουγκιές. (340 g) Briess Crystal 60

- 3 ουγκιές. (85 g) Weyermann Carafa II Special

ΛΥΚΙΣΚΟΣ

- 1,5 ουγκιά. (43 g) Magnum, 11,8% αα @ 60 min

- 1,25 oz. (35 g) Hallertau Mittelfrüh, 3,9% αα @ 15 λεπτά

ΜΑΓΙΑ

- 2 συσκευασίες στα 10 L starter Fermentis Saflager W-34/70

- 1 λίβρα (454 g) μελάσα ψησίματος

ΕΠΕΞΕΡΓΑΣΙΑ ΝΕΡΟΥ

• Για χαμηλό μεταλλικό νερό, προσθέστε 1 κουταλάκι του γλυκού χλωριούχο ασβέστιο και $\frac{1}{2}$ κουταλάκι του γλυκού γύψο.

ΚΑΤΕΥΘΎΝΣΕΙΣ:

a) Πολτοποιήστε στους 153°F (67°C) για 60 λεπτά.

b) Ψαρώστε, προσθέστε τη μελάσα και βράστε για 90 λεπτά, προσθέτοντας τον Λυκίσκο όπως υποδεικνύεται.

c) Ζύμωση με τη μέθοδο fast lager στο άρθρο. Ψυχρή συντριβή.

d) Προσθέστε μαγιά Safale US-05 και 2,5 oz. (71 g) επιτραπέζια ζάχαρη σε μπουκάλι ή βαρέλι για επίτευξη 2,5 vol. (5 g/L) CO2. Lager για δύο μήνες στους 35°F (2°C).

39. Aged Raspberry Basil Porter

Απόδοση: 5 γαλόνια (19 L)

ΣΥΣΤΑΤΙΚΆ:

- 7,75 λίβρες (3,5 κιλά) δύο σειρές Βόρειας Αμερικής

- 1,0 λίβρα (0,45 κιλά) Βύνη σοκολάτας

- 0,5 λίβρες (0,2 κιλά) Μαύρη βύνη

- 0,6 λίβρες (0,3 κιλά) 60L Crystal malt

- 0,25 λίβρες (0,1 κιλό) Βύνη σίτου

- 0,6 oz. (17 g) Columbus Hops (60 λεπτά)

- 0,7 oz. (19 g) Vanguard Hops (5 λεπτά)

- 25,6 φλ. ουγκιά. Συμπυκνωμένος χυμός βατόμουρου (65 Brix)

- Μια χούφτα καλά μεγέθους φύλλα βασιλικού Ταϊλάνδης

- Ωραία αγγλική μαγιά μπύρα

- 10,0 oz. (0,28 kg) Ξύλινα ραβδιά Palo Santo

ΚΑΤΕΥΘΎΝΣΕΙΣ:

a) Πολτοποιήστε με 3 γαλόνια (11,4 L) νερού για να επιτύχετε θερμοκρασία χτυπήματος 152°F (66°C). Ξεκουραστείτε για 30 λεπτά.

b) Vorlauf για την επίτευξη αποδεκτής διαύγειας ζευγαριού, ελεύθερου ή μεγάλων σωματιδίων.

c) Συλλέξτε αρκετό μούστο εν αναμονή της αποστολής 5,5 γαλονιών στον ζυμωτήρα σας, έχοντας κατά νου ότι θα προσθέσετε περίπου ένα τέταρτο γαλόνι υγρού στο τέλος του βρασμού με τη μορφή συμπυκνώματος χυμού βατόμουρου.

d) Βράζουμε για 10 λεπτά και προσθέτουμε όλο τον Λυκίσκο Κολόμβου. Βράζουμε για άλλα 55 λεπτά και προσθέτουμε τον λυκίσκο Vanguard.

e) Μετά από άλλα 5 λεπτά βρασμού, αφαιρέστε τη φωτιά από την κατσαρόλα και ανακατέψτε με το συμπύκνωμα χυμού βατόμουρου και ξεκουραστείτε για 10 λεπτά.

f) Ψύξτε το γλεύκος και στείλτε το στον κύριο ζυμωτήρα. Αερίστε το γλεύκος και ρίξτε τη μαγιά.

g) Μόλις η μπύρα φτάσει στην τελική της βαρύτητα περίπου 1,015 (3,8° Πλάτωνα), ετοιμάστε έναν δευτερεύοντα ζυμωτήρα.

h) Σε αυτό προσθέστε τον βασιλικό που θα μουλιαστεί με λίγο ουδέτερο απόσταγμα και τα ξυλάκια Palo Santo, τα οποία μπορούν να μουλιάσουν για 10 λεπτά σε νερό 185°F (85°C) οξινισμένο με φωσφορικό οξύ ποιότητας τροφίμων σε συγκέντρωση περίπου 0,25 τοις εκατό ή στον ατμό για απολύμανση.

i) Βάλτε τη μπύρα στη δεύτερη θέση και αφήστε τη να ωριμάσει για περίπου τρεις εβδομάδες. Συσκευάστε το όπως θα κάνατε συνήθως και απολαύστε το.

40.   Ξηρό paddy porter

ΣΥΣΤΑΤΙΚΆ

ΛΟΓΑΡΙΑΣΜΟΣ ΣΙΤΕΡΩΝ

- Pale Malt, Maris Otter 77,8% – 3,5 kg/7$\frac{3}{4}$lb

- Crystal Malt (80L) 8,9% – 400g/14oz

- Βύνη σοκολάτας 6,7% – 300g/10$\frac{1}{2}$oz

- Καφέ βύνη 4,4% – 200g/7oz

- Black Treacle (προστίθεται κατά τη διάρκεια του βρασμού) 2,2% – 100g/3$\frac{1}{2}$oz

ΛΥΚΙΣΚΟΣ

- East Kent Goldings (5% ΑΑ) Πρώτος λυκίσκος του μούστου – 30g/1oz

- East Kent Goldings (5% ΑΑ) Βράστε 15 λεπτά – 30g/1oz

- East Kent Goldings (5% ΑΑ) Βράστε 1 λεπτό – 20 g/$\frac{3}{4}$oz

ΜΑΓΙΑ

- Ιρλανδική μαγιά μπύρας, όπως WLP004 ή Wyeast 1084 Εναλλακτικές: Ξηρά αγγλική μαγιά μπύρας

- 1 δισκίο Protofloc (Irish Moss).

ΚΑΤΕΥΘΎΝΣΕΙΣ

a) Φέρτε 24 λίτρα/λίτρα νερού στους 71°C (160°F).

b) Πολτοποιήστε. Διατηρήστε θερμοκρασία πολτού στους 66,5°C (152°F) για 60 λεπτά.

c) Πολτοποιήστε - αυξήστε τη θερμοκρασία των κόκκων σας στους 75°C (167°F).

d) Ψεκάστε με 4 λίτρα/λίτρα νερού στους 75°C (167°F) για να φτάσετε τον όγκο πριν το βρασμό που δεν υπερβαίνει τα 23 λίτρα/τέταρτο.

e) Προσθέστε τον πρώτο σας λυκίσκο. Βράστε το βότανο σας για 60 λεπτά, προσθέτοντας στην αρχή το μπουκάλι σας. Προσθέστε τις προσθήκες λυκίσκου στα 15 λεπτά και 1 λεπτό πριν το τέλος του βρασμού σας.

f) Ψύξτε το μούστο σας στους 18°C (64°F). Μετρήστε την αρχική σας βαρύτητα. Πιείτε το ποτό με νερό υγιεινής για να φτάσετε στο OG που θέλετε.

g) Μεταφέρετε το μούστο σας σε έναν καθαρό και υγιεινό ζυμωτήρα. Αερίστε το γλεύκος σας και ρίξτε την έτοιμη μαγιά σας.

h) Ζυμώστε στον κύριο ζυμωτήρα στους 18-20°C (64-68°F) για 2 εβδομάδες ή μέχρι να έχετε τρεις ίδιες μετρήσεις βαρύτητας σε διάστημα 3 ημερών.

i) Μπουκάλι με 90g/3¼oz λευκής επιτραπέζιας ζάχαρης για να φτάσετε τους 2,0-2,2 όγκους CO2

41. Άλστερ

ΣΥΣΤΑΤΙΚΆ

● 1 φλιτζάνι σόδα λεμόνι/λάιμ (π.χ. Sprite, 7 Up, ή παρόμοια)

● 1 φλιτζάνι παλ μπύρα lager

ΚΑΤΕΥΘΎΝΣΕΙΣ

a) Προσθέστε τη σόδα λεμόνι-λάιμ σε ένα μεγάλο ποτήρι μπύρας.

b) Στη συνέχεια, ρίξτε τη μπύρα lager ενώ γωνιάζετε το ποτήρι για να αποφύγετε τη συσσώρευση υπερβολικού αφρού.

42. <u>Framboise</u>

Απόδοση: 5,5 γαλόνια (21 λίτρα)

ΣΥΣΤΑΤΙΚΆ:

- 3,0 λίβρες NW Ξηρό εκχύλισμα σίτου

- 3,0 λίβρες MandF Light Dry Extract

- 3,5 ουγκιές. ΜαλτοΔεξτρίνη

- 4,0 κουτιά Oregon Fruit Products Raspberry Puree, το καθένα 3,1 lb.

- 3,5 ουγκιές. Παλιός ολόκληρος λυκίσκος (90 λεπτά)

- Κατακάθια από παλιά παρτίδα Lambic

- 1 φιαλίδιο Wyeast 1968 London ESB Yeast

- 1 φιαλίδιο Wyeast 3526 Brettanomyces lambicus

- 2,92 oz. ζάχαρη καλαμποκιού για αστάρωμα

- 1 πακέτο Danstar Windsor Ale Dry Yeast για αστάρωμα

ΚΑΤΕΥΘΎΝΣΕΙΣ:

a) Βράζουμε για 90 λεπτά. Αφού βράσει, αφήστε το να κρυώσει όλη τη νύχτα σε ανοιχτό δοχείο. Βάση με κατακάθι από την παλιά παρτίδα του 1996 με σπιτική μπύρα Lambic-style, και το

135

Wyeast 1968. Τοποθετήστε ένα ξύλο βελανιδιάς που ήταν σε άλλες παρτίδες lambic.

b) Μετά από 16 μήνες προσθέστε τρία κουτιά πουρέ βατόμουρου και Wyeast 3526. Είκοσι δύο μήνες μετά την παρασκευή, προσθέστε το τελευταίο κουτί πουρέ βατόμουρου.

43. <u>Gratzer Bier</u>

ΣΥΣΤΑΤΙΚΆ

- 8,0 λίβρες | Weizenrauchmalz

- 1,5 ουγκιά. | Lublin Hops, 3,7% αα (60 λεπτά)

- 0,5 oz. | Lublin Hops, 3,7% αα (30 λεπτά)

- Ουδέτερη μαγιά Ale

ΚΑΤΕΥΘΎΝΣΕΙΣ:

a) Εκτελέστε το ακόλουθο πρόγραμμα πολτοποίησης: 30 λεπτά στους 100°F. 30 λεπτά στους 125°F. 30 λεπτά στους 158°F. και μασάουν.

b) Κάντε ένα βράσιμο 90-120 λεπτών, ακολουθώντας το πρόγραμμα λυκίσκου. Μόλις είναι έτοιμο, ανθρακικό σε 3,0-3,5 όγκους CO_2

44. <u>Malzbier</u>

ΣΥΣΤΑΤΙΚΆ

- 7 λίβρα Ελαφρύ σιρόπι χωρίς τσούξιμο

- 2 λίβρες βύνη Cara-pils

- 2 λίβρα ελαφριά κρυσταλλική βύνη

- 1 λίβρα Εξαιρετικά πλούσια κρυσταλλική βύνη

- 1/2 ουγγιά Hallertauer (5,0% άλφα)

- 1 ουγγιά Willamette (4,5 άλφα)

- 1 κουταλάκι του γλυκού Αλάτι

- 1 κουταλάκι του γλυκού Κιτρικό οξύ

- 1 κουταλάκι του γλυκού μαγιά θρεπτικό

- 1 κουταλιά της σούπας μαγιά ιρλανδικού βρύου Edme ale

ΚΑΤΕΥΘΎΝΣΕΙΣ

a) Πολτοποιήστε τα cara-pils και την κρυσταλλική βύνη για 2 ώρες σε νερό 140 βαθμών.

b) Ψεκάστε για να κάνετε 4 γαλόνια. Προσθέστε σιρόπι και λυκίσκο Hallertauer. Βράζουμε 60 λεπτά, προσθέτοντας ιρλανδικό βρύα στα τελευταία 30 λεπτά.

c) Μεταγγίστε στο πρωτογενές, προσθέτοντας αρκετό νερό για να γίνουν 5 γαλόνια. Προσθέστε αλάτι, κιτρικό οξύ, θρεπτικό συστατικό μαγιάς και ξηρό λυκίσκο με λυκίσκο Willamette.

d) Ο στόχος είναι να παραμείνει όλη ή πιθανώς το μεγαλύτερο μέρος της δεξτρίνης και της καραμελωμένης μαλτόζης μετά τη ζύμωση για τη γεύση και το σώμα του malz.

45. Ουμκομπόθι

ΣΥΣΤΑΤΙΚΑ

- 2 κιλά αλεύρι καλαμποκιού

- 2 κιλά σόργο

- 6 λίτρα νερό

ΚΑΤΕΥΘΎΝΣΕΙΣ:

a) Συνδυάστε το σόργο καλαμποκιού με έξι λίτρα βραστό νερό και ανακατέψτε μέχρι να γίνει μια λεία πάστα. Αφήστε το να ζυμωθεί για δύο ημέρες, σε ζεστό, σκοτεινό μέρος.

b) Μετά τη δεύτερη μέρα, αφαιρέστε δύο φλιτζάνια από το ζυμωμένο μείγμα και αφήστε το στην άκρη. Ανακατεύουμε την υπόλοιπη πάστα με δύο λίτρα βραστό νερό σε μια κατσαρόλα και τη βάζουμε στο μάτι της κουζίνας. Σιγοβράζουμε, ανακατεύοντας συχνά, για περίπου μία ώρα και μετά αφήνουμε να κρυώσει.

c) Στη συνέχεια, τοποθετήστε αυτό το μείγμα ξανά στον κάδο σας, προσθέστε τα δύο φλιτζάνια ζυμωμένη πάστα και ανακατέψτε, προσθέτοντας τέλος άλλο 1 κιλό σόργο στο μείγμα.

d) Την επόμενη μέρα το μείγμα θα πρέπει να αναβράζει όμορφα, πράγμα που σημαίνει ότι η μπύρα σας είναι έτοιμη. Το περνάμε από ένα σουρωτήρι, το κρυώνουμε και το απολαμβάνουμε

46.   Μπύρα μελάσα

ΣΥΣΤΑΤΙΚΆ

ΖΑΧΑΡΕΣ

- 5 γαλόνια φρέσκιας πηγής, φιλτραρισμένο ή λιωμένο νερό παγετώνων/χιονιού

- 5 1/2 λίβρες. εκχύλισμα σκούρας βύνης

- 4 1/2 λίβρες. μέλασσα

ΑΡΩΜΑΤΙΚΕΣ ΜΑΛΤΕΣ

- $\frac{1}{4}$ λίβρα Κρύσταλλο 120 L βύνη

- 1/2 λίβρα σοκολατένια βύνη

- 1/2 λίβρα Cara Munich Malt

- $\frac{1}{4}$ λίβρα ψητό κριθάρι

ΛΥΚΙΣΚΟΣ

- 1 ουγκιά. Πέλλετ λυκίσκου Hallertaur Νέας Ζηλανδίας

- 1/2 ουγκιά. Πέλλετ λυκίσκου Gem New Zealand Pacific - (άρωμα)

- $\frac{1}{4}$ ουγκιά. Λυκίσκος αποξηραμένος με χαλαρά φύλλα - (άρωμα)

ΜΑΓΙΑ

- Μαγιά Nottingham Ale ή άλλη βασική μαγιά ale

ΚΑΤΕΥΘΎΝΣΕΙΣ

a) Αρχικά, αφήστε τις βύνες σας να μουλιάσουν σε 3 γαλόνια από το θερμαινόμενο νερό πηγής σας για 20 λεπτά. Μην βράζετε αυτούς τους κόκκους, καθώς αυτό μπορεί να καταστρέψει μερικές από τις πιο λεπτές διαδικασίες πολτοποίησης. Καλύτερα να μην υπερβαίνει τους 180 βαθμούς Φαρενάιτ.

b) Στη συνέχεια, σουρώνουμε τις αρωματικές βύνες ή βγάζουμε τη σακούλα με τα δημητριακά και προσθέτουμε το υπόλοιπο νερό στο βραστήρα και αφήνουμε όλο το υγρό να βράσει.

c) Τώρα, απενεργοποιήστε τον καυστήρα και προσθέστε το εκχύλισμα βύνης και τη μελάσα, ανακατεύοντας καλά το μούστο για να βεβαιωθείτε ότι τα σάκχαρα δεν θα καούν στον πάτο του βραστήρα.

d) Μόλις διαλυθούν καλά τα σάκχαρα, φέρνουμε το γλεύκος σε βρασμό και προσθέτουμε τον πικρό Λυκίσκο και βράζουμε το γλεύκος για 30 λεπτά, ανακατεύοντας τακτικά.

e) Στη συνέχεια, προσθέστε το άρωμα Λυκίσκο για άλλα 15 λεπτά, και μετά προσθέστε το άρωμα Λυκίσκο και βράστε για άλλα πέντε λεπτά και στη συνέχεια σβήστε τον καυστήρα και κρυώστε το μούστο σε θερμοκρασία δωματίου ή 75 βαθμούς, όποιο είναι πιο ζεστό.

f) Τώρα μπορείτε να μεταφέρετε το γλεύκος στο καθαρισμένο και απολυμασμένο δοχείο ζύμωσης, να ασταρώσετε τη μαγιά και να ανακατέψετε με ζωηρότητα.

g) Τώρα φυτέψτε τη μαγιά στην μπύρα και φυλάξτε τη σε δροσερό, σκοτεινό δωμάτιο για μία εβδομάδα, προσέχοντας να ελέγχετε την κλειδαριά αερισμού κάθε μέρα για να βεβαιωθείτε ότι ο αφρός δεν έχει ανέβει από την κλειδαριά αερισμού. Εάν χρησιμοποιείτε ένα συγκρότημα φουσκώματος, δεν θα χρειάζεται να ανησυχείτε για τυχόν αερόστατα.

h) Μετά από αυτή την πρώτη εβδομάδα είναι μια καλή στιγμή για να μεταφέρετε την μπύρα σας σε ένα δευτερεύον δοχείο ζύμωσης για τις επόμενες δύο εβδομάδες.

47. Quinoa Pale Ale

ΣΥΣΤΑΤΙΚΆ:

- 6 λίβρες. Κινόα βύνης, ψητή (πολτός/ψαρίμι)

- 2 λίβρες. Κινόα βύνης (πολτός/ψαρίμι)

- 0,25 λίβρες. Σιρόπι ρυζιού Στερεά (πολτός/ψαρίδι)

- 2 ουγκιές. Cluster Hops (60 λεπτά)

- 3 λίβρες. Μέλι γαρύφαλλο (60 λεπτά)

- 4 ουγκιές. Μαλτοδεξτρίνη (60 λεπτά)

- 1,5 ουγκιά. Λυκίσκος στερλίνας (30 λεπτά)

- 1 ουγκιά. Λυκίσκος στερλίνας (15 λεπτά)

- 1 κουταλάκι του γλυκού Irish Moss (15 λεπτά)

- 1 πακέτο μαγιά ale

ΚΑΤΕΥΘΎΝΣΕΙΣ

a) Πολτοποιήστε την κινόα με 3,5 γαλόνια νερό με 150F, προσθέστε ένζυμα αμάλυσης και αφήστε την για 1 ώρα. Ανεβάστε τη θερμοκρασία με 1 γαλίλιο νερό με θερμοκρασία χτυπήματος 180 F και αφήστε το για άλλη μια ώρα.

b) Πετύχετε ζεστό διάλειμμα.

c) Προσθέστε Λυκίσκο, λεπτές ίνες και τα υπόλοιπα ζυμώσιμα σάκχαρα σύμφωνα με το πρόγραμμα.

d) Ψύξτε το μούστο μέχρι την κατάλληλη θερμοκρασία για να ρίξετε τη μαγιά.

48. <u>Radlermass</u>

ΣΥΣΤΑΤΙΚΆ

- 1 φλιτζάνι μπύρα

- 1 φλιτζάνι ανθρακούχο ρόφημα λεμόνι-λάιμ

- πάγος

- 1 λεμόνι twist

ΚΑΤΕΥΘΎΝΣΕΙΣ

a) Πάρτε ίσα μέρη μπύρας και σόδα λεμόνι λάιμ πάνω από λίγο πάγο για να το διατηρήσετε παγωμένο. προσέξτε θα αφρίσει πολύ, οπότε πάρτε το αργά.

b) Καθώς έρχεστε να το γευτείτε, μπορείτε να αλλάξετε την ποσότητα μπύρας ή σόδας - αν σας αρέσει πολύ η μπύρα, ο συνδυασμός μπορεί να είναι 3/4 μπύρας έως 1/4 σόδα ή το αντίστροφο.

49. <u>Χάρη</u>

ΣΥΣΤΑΤΙΚΆ

- 1,7 κιλά γυαλισμένο ρύζι

- 1 πακέτο Koji 20 g ενοφθαλμισμένο ρύζι ή 5 g σπόρια

- 3-4 λίτρα Νερό μαλακό νερό

ΚΑΤΕΥΘΎΝΣΕΙΣ

a) Εμβολιάζουμε το ρύζι με koji. Αυτό βοηθά στη δημιουργία αρκετών ενζύμων και ισχυρής καλλιέργειας εκκίνησης για τη διάσπαση του αμύλου. Ορισμένα καταστήματα διατηρούν επίσης ρύζι Sake και μπάλες ρυζιού, οι οποίες είναι προεμβολιασμένες. Εάν δεν μπορείτε να τα βρείτε, τότε πρέπει να δημιουργήσετε ένα κρεβάτι με ρύζι στον ατμό, να πασπαλίσετε την καλλιέργεια koji και να το διατηρήσετε σε ένα ζεστό υγρό δωμάτιο για 24-40 ώρες.

b) Χρησιμοποιήστε ρύζι στον ατμό (όχι βρασμένο ρύζι). Ο στόχος είναι να ζελατινοποιηθεί το ρύζι αλλά να παραμείνει αρκετά σφιχτό ώστε τα ένζυμα να δράσουν πάνω του. Το βράσιμο θα κάνει το ρύζι πολύ μαλακό και η μετατροπή του αμύλου δεν θα είναι αποτελεσματική.

c) Ψύξτε το υπόλοιπο ρύζι στον ατμό στους 25oC πριν το ανακατέψετε με ρύζι koji. Προσθέστε λίγο νερό RO για να βυθίσετε τους κόκκους. Τα χλωριωμένα και σκληρά νερά πρέπει να αποφεύγονται.

d) Ανακατεύουμε τον πολτό κάθε 12 ώρες με ένα απολυμασμένο χαλύβδινο κουτάλι. Επίσης, ελέγξτε τη θερμοκρασία και μην το αφήνετε να εκτοξεύεται πάνω από 20οC.

e) Μετά από περίπου μερικές μέρες, μπορούμε να στραγγίξουμε τον ζωμό, να τον φιλτράρουμε και να τον πιούμε. Η προσθήκη περισσότερου ρυζιού στον ατμό θα μας επιτρέψει να διαδώσουμε περαιτέρω την καλλιέργεια.

f) Προαιρετικός. Μπορείτε να στεγνώσετε το ίζημα. Έχει αρκετή μαγιά και κότζι μέσα για να σας βοηθήσει να φτιάξετε μια δεύτερη παρτίδα.

50. Ποτό

ΣΥΣΤΑΤΙΚΆ

- την αγαπημένη σας μπύρα/λάγκερ

- την αγαπημένη σας σόδα λεμόνι-λάιμ, παγωμένη

ΚΑΤΕΥΘΎΝΣΕΙΣ

a) Ρίξτε το μισό από κάθε ρόφημα αργά σε ένα ή δύο ψηλά ποτήρια μπύρας.

b) Απολαμβάνω.

51. Μπύρα Σόργου

ΣΥΣΤΑΤΙΚΆ:

- 1 κιλό. (2,2 λίβρες) Σόργο

- 7 g (1/4-ουγγιά) Μαγιά ψησίματος

ΚΑΤΕΥΘΎΝΣΕΙΣ:

a) Μουλιάζουμε το σόργο σε νερό, αφήνοντάς το να αρχίσει να βλασταίνει. Στεγνώστε τους μερικώς βλαστημένους κόκκους. Θρυμματίζουμε το σόργο και το βράζουμε σε νερό για περίπου 15 λεπτά. Τα στραγγίζουμε και τα βάζουμε σε ένα μεγάλο σκεύος. Προσθέτουμε 4 λίτρα ζεστό νερό και αφήνουμε για 1 ώρα.

b) Μεταφέρετε το υγρό μέρος του πολτού σε ένα μεγάλο δοχείο και προσθέστε 8 λίτρα ζεστό νερό. Αφήστε το μείγμα να κρυώσει φυσικά μέχρι να φτάσει σε θερμοκρασία δωματίου.

c) Προσθέστε τη μαγιά και ένα φλιτζάνι επιπλέον θρυμματισμένη βύνη σόργου (από βλαστημένους κόκκους). Ανακατεύουμε ζωηρά.

d) Ζυμώστε για 2 ημέρες σε θερμοκρασία δωματίου και στη συνέχεια στραγγίστε την μπύρα σε δοχεία αποθήκευσης. Σερβίρετε σε διψασμένους πελάτες.

52. Triple Down Belgian Tripel

Απόδοση: 5 γαλόνια (18,9 L)

ΣΥΣΤΑΤΙΚΆ:

- 12 λίβρες (5,44 κιλά) Briess Pilsen malt

- 1,25 λίβρες (0,57 κιλά) Dingeman's Cara 8 malt

- 1 λίβρα (0,45 κιλά) νιφάδες ρυζιού

- 1 λίβρα (0,45 κιλά) σιρόπι ρυζιού ή στερεά σιρόπι ρυζιού @ 0 λεπτά.

- 1 ουγκιά. (28 g) Styrian Goldings, 6% aa (60 λεπτά)

- 1 ουγκιά. (28 g) Styrian Goldings, 6% aa (30 λεπτά)

- 1 ουγκιά. (28 g) Styrian Goldings, 6% aa (0 λεπτά)

- Μαγιά μπύρας Wyeast 3787 Trappist High Gravity

- Wyeast 3711 Γαλλική μαγιά Saison Ale

ΚΑΤΕΥΘΎΝΣΕΙΣ:

a) Φέρτε 4,75 gal (17,9 L) πολτοποιημένου νερού στους 167°F (75°C) και πολτοποιήστε τους κόκκους στους 154°F (68°C) για 1 ώρα.

b) Ζεστάνετε 4,5 gal (17 L) ψεκασμένου νερού σε νερό 180°F (82°C) σε ένα βραστήρα. Ψεκάστε, συλλέξτε 6,25 gal (23,7 L) μούστο σε βραστήρα και βράστε για 60 λεπτά, προσθέτοντας Λυκίσκο όπως υποδεικνύεται.

c) Ψύξτε το μούστο στους 72°F (22°C), μεταφέρετε στον ζυμωτήρα και ρίξτε και τις δύο ζύμες. Ζυμώστε για 2 εβδομάδες στους 70-72 °F (21-22 °C) και στη συνέχεια βάλτε το σε δευτερεύον και αφήστε το να μαλακώσει για 2 εβδομάδες στους 72-75 °F (22-24 °C) πριν από τη συσκευασία και το σερβίρισμα.

53. <u>Tuxedo Speedo Black IPA</u>

Απόδοση: 5 γαλόνια ΗΠΑ (19 L)

ΣΥΣΤΑΤΙΚΑ:

ΒΥΝΕΣ

- 10 λίβρες (4,53 κιλά) παλ βύνη δύο σειρών

- 1,4 λίβρες (649 g) βύνη δεξτρίνης

- 8,6 oz. (244 g) 120° L κρυσταλλική βύνη

- 11,4 oz. (324 g) μαύρη βύνη πατέντας (σε πουρέ)

ΛΥΚΙΣΚΟΣ

- 0,18 ουγκιές. (5 g) σφαιρίδια Columbus, 15% aa (60 λεπτά), 12.2. IBU

- 0,36 oz. (10 g) σφαιρίδια Simcoe, 13% aa (60 λεπτά), 21,1 IBU

- 0,43 ουγκιές. (12 g) Cascade pellets, 5,75% aa (45 λεπτά), 10 IBU

- 1,43 ουγκιές. (41 g) Cascade pellets, 5,75% aa (15 λεπτά), 10 IBU

- 1,43 ουγκιές. (41 g) Πέλλετ Chinook, 13% aa (15 λεπτά), 22,5 IBU

- 1,43 ουγκιές. (41 g) σφαιρίδια Amarillo (0 λεπτά)

- 0,71 ουγκιές. (20 g) Cascade pellets (ξηρά, 21 ημέρες)

- 0,71 ουγκιές. (20 g) Μωσαϊκά σφαιρίδια (Ξηρά, 21 ημέρες)

ΑΛΛΑ ΣΥΣΤΑΤΙΚΑ

- 1 κουταλάκι του γλυκού (5 g) ιρλανδικό βρύα

ΜΑΓΙΑ

- Αμερικάνικη μαγιά ale

ΚΑΤΕΥΘΎΝΣΕΙΣ:

a) Πολτοποιήστε τους κόκκους στους 152°F (67°C) για μία ώρα.

b) Ζυμώστε στους 68°F (20°C) μέχρι να επιτευχθεί η τελική βαρύτητα.

c) Προσθέστε ξηρό λυκίσκο σε δευτερεύον και συσκευάστε μετά από τρεις εβδομάδες.

54.   Τριπλός

Απόδοση: 6 γαλόνια (22,7 L)

ΣΥΣΤΑΤΙΚΆ:

- 7,2 λίβρες (3,26 κιλά) English Pale Ale LME (3,5 °L) | 68,9%

- 1,0 λίβρα (0,45 κιλά) Λακτόζη σε σκόνη (ζάχαρη γάλακτος) (0 °L) | 9,6%

- 1,0 λίβρες (0,45 κιλά) Μαύρη Βύνη Ευρεσιτεχνίας (525 °L) | 9,6%

- 0,75 λίβρες (340 g) Κρύσταλλο (80 °L) | 7,2 %

- 0,5 λίβρες (227 g) Pale Chocolate Malt (200 °L) | 4,8 %

- 1,5 ουγκιά. (43 g) Kent Goldings 5% AA @ 60 λεπτά

- Μαγιά (White Labs WLP006 Bedford British, Wyeast 1099 Whitbread Ale ή Fermentis Safale S-04

ΚΑΤΕΥΘΎΝΣΕΙΣ:

a) Χρησιμοποιήστε 11 γραμμάρια σωστά ενυδατωμένη μαγιά, 2 συσκευασίες υγρής μαγιάς ή φτιάξτε ένα κατάλληλο ορεκτικό.

b) Ζύμωση στους 68 °F (20 °C).

c) Όταν τελειώσετε, ανθρακώστε την μπύρα σε περίπου 1,5 έως 2 όγκους.

d) Επιλογή ολικής αλέσεως Αντικαταστήστε το αγγλικό εκχύλισμα με 10 λίβρες (4,53 κιλά) βρετανική βύνη pale ale. Πολτοποιήστε για 60 λεπτά στους 151 °F (66 °C). Φωτογραφία © Siggi Churchill Flickr CC

55. Διάβολος Λόρδος Αλήτης

Απόδοση: 5,5 γαλόνια (20,82 L)

ΣΥΣΤΑΤΙΚΆ:

- Κλασική Bohemian Pilsner

- 11,0 λίβρες (4,99 κιλά) Βελγική βύνη Pilsner

- 2,25 oz. (63 g) Saaz, 4,5% αα (60 λεπτά)

- 1,0 ουγκιά. (28 g) Saaz, 4,5% αα (0 λεπτά)

- Wyeast 2124 Bohemian Lager μαγιά

- Transformer: Hobo Devil

- Προσθέστε 0,5 λίβρες (227 g) αρωματικής βύνης.

- Προσθέστε 2 λίβρες (0,9 κιλά) επιτραπέζια ζάχαρη στο βράσιμο.

- Μειώστε την πικρή προσθήκη Saaz σε 2,0 oz. (57 g).

- Αντικαταστήστε τη μαγιά Wyeast 1388 Belgian Strong Ale για τη μαγιά Lager Bohemian.

ΚΑΤΕΥΘΎΝΣΕΙΣ:

α) Προσαρμόστε το νερό με χλωριούχο ασβέστιο (περίπου 1 κουταλάκι του γλυκού ή 5 mL για μια ουδέτερη πηγή νερού) και ελάχιστα άλλα μέταλλα. Χτυπήστε με 16 λίτρα (15,14 L) νερού 134°F (57°C) για να ηρεμήσετε στους 122°F (50°C) για 20 λεπτά.

b) Αφέψημα #1: Τραβήξτε ένα πηχτό αφέψημα από το 1/3 του πολτού με ελάχιστα υγρά. Ζεστάνετε το αφέψημα στους 152°F (67°C) και κρατήστε το για 20 λεπτά σε ξεχωριστό σκεύος και στη συνέχεια αφήστε το να βράσει ενώ ανακατεύετε. Επιστρέψτε το αφέψημα στον κύριο πολτό για να αυξήσετε τη θερμοκρασία στους περίπου 150°F (66°C).

c) Αφέψημα #2: Τραβήξτε ένα παχύρρευστο αφέψημα από το 1/3 του πολτού με ελάχιστο υγρό και αφήστε το να πάρει μια βράση. Προσθέστε ξανά στον κύριο πολτό για να αυξήσετε τη θερμοκρασία στους 168°F (76°C) για πολτοποίηση 10 λεπτών. Ζυμώστε για δύο εβδομάδες στους 48-50°F (9-10°C).

d) Ανεβάστε στους 54°F (18°C) για 24 ώρες, στη συνέχεια κρύο σύγκρουση στους 35°F (2°C) και σε ψυχρή κατάσταση για δύο ακόμη εβδομάδες.

56. Μπύρα τσουκνίδα

ΣΥΣΤΑΤΙΚΆ

- 1 κιλό μπλούζες τσουκνίδας

- 4 λίτρα νερό

- 1 λεμόνι, χυμό

- 750 γρ ζάχαρη

- 25 γρ κρέμα ταρτάρ

- 1 φακελάκι μαγιά ale

ΚΑΤΕΥΘΎΝΣΕΙΣ:

a) Πρώτα πλύνετε καλά τις κορυφές της τσουκνίδας στο νεροχύτη και μετά τις στραγγίστε. Εάν έχετε μια μηχανή σαλάτας, είναι πολύ χρήσιμη για την εκτόξευση τυχόν ανατριχιαστικών συρταριών που μπορεί να κρύβονται στα φύλλα

b) Στη συνέχεια, βράστε το νερό σε μια κατσαρόλα και ρίξτε τις κορυφές της τσουκνίδας. Βράστε δυνατά για 15 λεπτά και στη συνέχεια στραγγίστε προσεκτικά σε μια άλλη κατσαρόλα.

c) Ανακατεύουμε τη ζάχαρη, το χυμό λεμονιού και την κρέμα ταρτάρ μέχρι να διαλυθούν όλα και αφήνουμε να κρυώσει σε θερμοκρασία δωματίου η μπύρα τσουκνίδας

d) Ρίξτε (ή πασπαλίστε) τη μαγιά ale πάνω από την επιφάνεια της τσουκνίδας, στη συνέχεια καλύψτε με πανί μουσελίνας ή μια πετσέτα τσαγιού και αφήστε την όλη νύχτα

e) Την επόμενη μέρα, πάρτε ένα μπουκάλι νταμιτζούνι και ρίξτε μέσα το ρόφημα χρησιμοποιώντας ένα χωνί. Συμπληρώστε με ένα μπουκέτο και ένα αεραγωγό νερού και, στη συνέχεια, αφήστε το να ζυμωθεί και να φουσκώσει για έως και 6 ημέρες

f) Σιφώνουμε σε καθαρά καφέ μπουκάλια, τα καπακώνουμε και μετά αφήνουμε στο ψυγείο να κρυώσουν για άλλη μια εβδομάδα.

57.   Dunkel του Μονάχου

ΣΥΣΤΑΤΙΚΆ

Λογαριασμός σιτηρών

- Pilsner Malt, Γερμανική 47,8% – 2,2kg/47/8lb

- Βύνη Μονάχου 47,8% – 2,2 κιλά/47/8 λίβρες

- Carafa Special III 4,3% – 200g/7oz

Λυκίσκος

- Tettnang (4,5% AA) Λυκίσκος πρώτου μούστου – 30g/1oz

- Hallertauer Hersbrucker (4% AA)

- Βράστε 15 λεπτά - 50 g/1$\frac{3}{4}$oz

Μαγιά

- Γερμανική μαγιά Lager, όπως WLP830 ή Wyeast 2124
  Εναλλακτικά: Mangrove Jacks Bohemian Lager

- 1 Tablet Irish Moss

- 1 φύλλο ζελατίνης φύλλου (προαιρετικά)

ΚΑΤΕΥΘΎΝΣΕΙΣ

α) Ακολουθήστε τη μέθοδο Lager.

58. Μπύρα σίτου Αλκατράζ

Απόδοση: 1 μερίδα

Συστατικό

- 3 λίβρες αποξηραμένο εκχύλισμα σίτου

- 2 λίβρες βύνη σιταριού

- 1 κιλό βύνη κριθαριού

- 1 κιλό αποξηραμένο εκχύλισμα βύνης

- 2½ ουγγιά λυκίσκου Mt. Hood

- Wyeast Μαγιά μπύρας σιταριού

ΚΑΤΕΥΘΎΝΣΕΙΣ

a) Φτιάξτε ένα ορεκτικό με μαγιά δύο μέρες νωρίτερα. Πολτοποιήστε τα τρία κιλά malt a la Miller. Βράστε για μία ώρα, προσθέτοντας 1-½ ουγγιά λυκίσκου στην αρχή, ½ ουγγιά στα 30 λεπτά και ½ ουγγιά στα 5 λεπτά. Δροσίστε και ρίξτε τη μαγιά.

b) Ενζυμο. Μπουκάλι. Αστάρωσα τη μισή παρτίδα (5 γαλλ.) με ⅓ φλιτζάνι καλαμποκιού ζάχαρη και την άλλη μισή με ½ φλιτζάνι μέλι τριφυλλιού. Μετά από δύο εβδομάδες, η μπύρα ήταν υπέροχη. Η μπύρα γεμισμένη με μέλι, ωστόσο, ήταν πολύ ανθρακούχο.

59. Σιταρένια μπύρα αμερικανικού τύπου

Απόδοση: 5 μερίδες

Συστατικό

- 3 λίβρες αποξηραμένη βύνη σίτου Briess

- 3 λίβρες χύμα εκχύλισμα βύνης Briess

- 2 ουγγιές λυκίσκου Hallertauer -- (30-45

- Ελάχ.)

- $\frac{3}{4}$ φλιτζάνι Ζάχαρη ασταρώματος

- 1 Wyeast 3056 Βαυαρικό σιτάρι

- Υγρή μαγιά

- 1 τσάντα μουσελίνας

ΚΑΤΕΥΘΎΝΣΕΙΣ

a) Φέρτε 1 λίτρο νερό να βράσει. Αποσύρετε την κατσαρόλα από τη φωτιά και ανακατεύετε με το σιρόπι και το αποξηραμένο εκχύλισμα σιταριού μέχρι να διαλυθεί. Επιστρέψτε την κατσαρόλα να ζεσταθεί και προσθέστε το λυκίσκο hallertauer και βράστε για 30-45 λεπτά. Προσθέστε μούστο σε 4 γαλόνια κρύου νερού στον ζυμωτήρα.

b) Όταν κρυώσει κάτω από τους 80 βαθμούς, ρίξτε τη μαγιά

60.   Μηλίτης χοίρων και μήλων

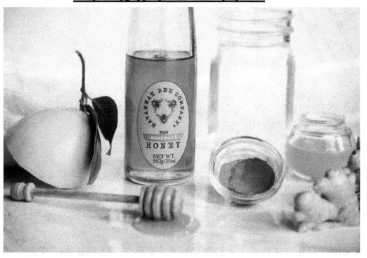

Απόδοση: 3 γαλόνια ΗΠΑ

ΣΥΣΤΑΤΙΚΆ:

- 3 γαλ. (11,4 L) φρέσκος, γλυκός χυμός μήλου (χαμηλό οξύ, χαμηλή τανίνη)

- 1,5 κουταλάκι του γλυκού (7-8 mL) θρεπτικό συστατικό μαγιάς

- 1 πακέτο μαγιά αμερικανικής ale

- 3 λωρίδες μπέικον, ψημένες σε φούρνο 325°F για 40 λεπτά

- 4 ουγκιές. bourbon

ΚΑΤΕΥΘΎΝΣΕΙΣ:

a) Απολυμάνετε το δοχείο ζύμωσης και 2 φύλλα φύλλου ανά απολυμαντικό Οδηγίες.

b) Βράστε 1 πίντα (473 mL) νερό και αφήστε το να κρυώσει στους 105°F (41°C). Ανακατέψτε σε μια πρέζα θρεπτικό συστατικό μαγιάς και πασπαλίστε τη μαγιά πάνω από το νερό.

c) Σκεπάζουμε με αλουμινόχαρτο και αφήνουμε να σταθεί για 15 λεπτά. Ζεστάνετε το χυμό μήλου στους 60°F (16°C). Προσθέστε τον χυμό στον ζυμωτήρα και ανακατέψτε την αφρώδη μαγιά.

d) Καλύψτε με περισσότερο απολυμανμένο αλουμινόχαρτο και τοποθετήστε το σε μέρος σκοτεινό και δροσερό, κατά προτίμηση γύρω στους 60°F (16°C). Μετά από 2-4 εβδομάδες, η μαγιά θα πρέπει να γίνει ζύμωση και θα έχει πέσει καθαρή με όλη τη μαγιά και την πρωτεΐνη να κατακαθίσει στον πάτο του ζυμωτήρα. Ελέγχετε περιοδικά τη ζύμωση.

e) Περίπου 5 ημέρες πριν ολοκληρωθεί η ζύμωση, δημιουργήστε το μείγμα μπέικον-μπουρμπόν. Θρυμματίζουμε το μπέικον, ανακατεύουμε με το μπέρμπον σε σφραγισμένο γυάλινο βάζο και το αφήνουμε στο ψυγείο για 4 μέρες. Την 4η μέρα αφαιρούμε το μπέικον και βάζουμε το μπέρμπον στην κατάψυξη. Την επόμενη μέρα, το λίπος του μπέικον θα πρέπει να έχει στερεοποιηθεί στην κορυφή. Αφαιρέστε το λίπος και κρατήστε το μπέρμπον.

f) Αφού σταματήσει η ζύμωση, τοποθετήστε το σε ένα δευτερεύον δοχείο και προσθέστε το μπέρμπον. Απολυμάνετε τα μπουκάλια, τα καπάκια και τον σωλήνα μεταφοράς. Συσκευάστε ακόμα (χωρίς ενανθράκωση) για να αφήσετε τη γεύση του μπέικον να ανέβει φυσικά.

g) Για να εμφιαλώσετε, αφαιρέστε τον μηλίτη από τον ζυμωτήρα, προσέχοντας να αποφύγετε τη λάσπη στο κάτω μέρος και σε κάθε πλαστικό σας μπουκάλι. Γεμίστε εντελώς. Σταματήστε τη ροή του μηλίτη τσιμπώντας το σωλήνα πριν μετακινήσετε τον εύκαμπτο σωλήνα στο επόμενο μπουκάλι.

h) Βιδώστε τα καπάκια και παγώστε τον μηλίτη στο ψυγείο σας και πιείτε όταν κρυώσει. Σερβίρετε στους περίπου 50°F (10°C).

61. Ανανάς - Καστανή Ζάχαρη Μηλίτης

ΚΑΝΕΙ 1 ΓΑΛΟΝΙ

ΣΥΣΤΑΤΙΚΆ

- 1 πολύ ώριμο ανανά, κομμένο σε κύβους

- 14 φλιτζάνια νερό

- 1 φλιτζάνι συσκευασμένο / 8 ουγγιές σκούρα καστανή ζάχαρη

- 1 ξυλάκι κανέλας

- 2 γαρύφαλλα

- 1 tablet Campden

- 1 ½ κουταλιά της σούπας (½ σωληνάριο) υγρή μαγιά βελγικής μπύρα

- 1 κουταλάκι του γλυκού μαγιά θρεπτικό

- 1 κουταλάκι του γλυκού μείγμα οξέος

- ½ κουταλάκι του γλυκού πηκτικό ένζυμο

- 1 φλιτζάνι / 1 ουγγιά Splenda ή άλλη μη ζυμώσιμη ζάχαρη

- 3 κουταλιές της σούπας διαλύονται σε ½ φλιτζάνι βραστό νερό και ψύχονται, για εμφιάλωση

ΚΑΤΕΥΘΎΝΣΕΙΣ

a) Φέρτε το νερό να βράσει. Αποσύρουμε την κατσαρόλα από τη φωτιά, προσθέτουμε το πιλοντσιλό και ανακατεύουμε να διαλυθεί. Αφήνουμε την κατσαρόλα στην άκρη μέχρι να κρυώσει τελείως το νερό. Αυτό θα διαρκέσει μία ή δύο ώρες.

b) Συνδυάστε το καφέ ζάχαρη νερό, την κανέλα, το γαρύφαλλο και τον ανανά στον κάδο ζύμωσης 2 γαλονιών. Πάρτε μια ένδειξη υδρόμετρου για να προσδιορίσετε την αρχική βαρύτητα. Θρυμματίστε το δισκίο Campden και ανακατέψτε το στο νερό. Κουμπώστε το καπάκι και στερεώστε το κλείδωμα αέρα. Περιμένετε 24 ώρες μέχρι το Campden να αποστειρώσει το νερό του ανανά.

c) Αφού αποστειρωθεί το νερό του ανανά, ετοιμάστε το μίζα με μαγιά. Απολυμάνετε ένα μεζούρα, ένα βάζο κονσερβοποίησης 1 λίτρου και ένα κουτάλι ανάδευσης. Βγάλτε 1 φλιτζάνι ανανά νερό και ρίξτε το στο βάζο.

d) Ρίξτε τη μαγιά από πάνω και καλύψτε το βάζο με ένα κομμάτι πλαστικής μεμβράνης στερεωμένο με ένα λαστιχάκι. Ανακινήστε καλά το βάζο και αφήστε το να σταθεί για 1 έως 3 ώρες. Θα πρέπει να γίνει αφρός και θα δείτε μικροσκοπικές φυσαλίδες να σκάνε στην επιφάνεια του υγρού.

e) Ρίξτε το ορεκτικό στο νερό του ανανά μαζί με το θρεπτικό συστατικό της μαγιάς, το μείγμα οξέος και το πηκτικό ένζυμο. Ανακατεύουμε ζωηρά να διανεμηθεί η μαγιά και αερίζεται το νερό. Κουμπώστε ξανά το καπάκι και επανατοποθετήστε την ασφάλεια αέρα.

f) Αφήστε τον μηλίτη ανανά να ζυμωθεί ανενόχλητος για τουλάχιστον 3 ημέρες ή έως και 7 ημέρες, έως ότου η ζύμωση επιβραδυνθεί και το ίζημα που δημιουργείται κατά την παρασκευή έχει την ευκαιρία να κατακαθίσει.

g) Απολυμάνετε μια κανάτα 1 γαλονιού, το πώμα της, το μπαστούνι ραφιών, την άκρη της, τον εύκαμπτο σωλήνα του σιφονιού και τον σφιγκτήρα του σωλήνα. Σιφονίστε όλο τον μηλίτη στην κανάτα. Γείρετε τον κάδο προς το τέλος για να σιφωνίσει όλο το υγρό. Σταματήστε όταν δείτε το υγρό στον εύκαμπτο σωλήνα του σιφονιού να θολώνει από ίζημα. Τοποθετήστε το πώμα και το κλείδωμα αέρα. Αφήστε την κανάτα να καθίσει σε δροσερό και σκοτεινό μέρος για 2 εβδομάδες.

h) Για να εμφιαλώσετε τον μηλίτη, απολυμάνετε ένα δοχείο αποθέματος, ένα υδρόμετρο, δέκα μπουκάλια μπύρας 12 ουγγιών ή έξι μπουκάλια μπύρας 22 ουγγιών, τα καπάκια τους, τον εύκαμπτο σωλήνα του σιφονιού, το μπαστούνι ραφιών, την άκρη του, ένα μεζούρα και το μπουκάλι. Σιφονίστε $\frac{1}{2}$ φλιτζάνι μηλίτη στο υδρόμετρο και χρησιμοποιήστε το για να προσδιορίσετε τη φυσική βαρύτητα. Πιείτε τον μηλίτη ή ρίξτε τον ξανά στην κανάτα μόλις τον χρησιμοποιήσετε.

i) Ρίξτε το διάλυμα ζάχαρης καλαμποκιού στην κατσαρόλα. Ρίξτε τον μηλίτη σε σιφόν στην κατσαρόλα για να αναμειχθεί με το διάλυμα ζάχαρης καλαμποκιού, πιτσιλίζοντας όσο το δυνατόν λιγότερο. Ρίξτε λίγο μηλίτη με τη μεζούρα και δώστε του μια γεύση. Προσθέστε Splenda (ή άλλο γλυκαντικό για την πλάτη) εάν επιθυμείτε πιο γλυκό μηλίτη. Σιφονίστε τον μηλίτη σε μπουκάλια, καπάκι και τοποθετήστε την ετικέτα.

j) Αφήστε τα μπουκάλια να καθίσουν σε θερμοκρασία δωματίου μακριά από το άμεσο ηλιακό φως για τουλάχιστον 1 μήνα ή φυλάξτε τα για έως και 1 χρόνο. Βάλτε το στο ψυγείο πριν το σερβίρετε.

62. <u>Extra, extra special bitter</u>

ΣΥΣΤΑΤΙΚΆ

Λογαριασμός σιτηρών

- Maris Otter 90% 4,5kg/10lb
- British Crystal Malt 10% 500g/1⅛lb

Λυκίσκος

- Challenger First wort hop – 20g/¾oz
- East Kent Goldings Boil 10 λεπτά – 50g/1¾oz
- Challenger Βράστε 5 λεπτά – 30g/1oz
- East Kent Goldings Boil 1 λεπτό – 50g/1¾oz

Μαγιά

- 1 δισκίο Protofloc (Irish Moss).

ΚΑΤΕΥΘΎΝΣΕΙΣ

a) Φέρτε 24 λίτρα/λίτρα νερού στους 70°C (158°F). Επεξεργαστείτε αυτό το νερό σύμφωνα με την αναφορά νερού σας.

b) Πολτοποιήστε. Διατηρήστε θερμοκρασία πολτού στους 66°C (151°F) για 60 λεπτά.

c) Πολτοποιήστε – αυξήστε τη θερμοκρασία των κόκκων στους 75°C (167°F).

d) Ψεκάστε με 4 λίτρα/λίτρα νερού στους 75°C (167°F) για να φτάσετε τον όγκο πριν το βρασμό που δεν υπερβαίνει τα 23 λίτρα/τέταρτο.

e) Προσθέστε τον πρώτο σας λυκίσκο. Βράστε το βότανο σας για 60 λεπτά. Προσθέστε Λυκίσκο 10, 5 και 1 λεπτό πριν το τέλος του βρασμού.

f) Ψύξτε το μούστο σας στους 18°C (64°F).

g) Πιείτε το ποτό με νερό υγιεινής για να φτάσετε στο OG που θέλετε.

h) Μεταφέρετε το μούστο σας σε έναν καθαρό και υγιεινό ζυμωτήρα. Αερίστε το γλεύκος σας και ρίξτε την έτοιμη μαγιά σας.

i) Ζυμώστε στον κύριο ζυμωτήρα στους 18-20°C (64-68°F) για 2 εβδομάδες.

j) Μπουκάλι με 80g/3oz λευκής επιτραπέζιας ζάχαρης για να φτάσετε τους 1,8-2 όγκους CO2.

63. Αγγλική pale ale

ΣΥΣΤΑΤΙΚΆ

ΛΟΓΑΡΙΑΣΜΟΣ ΣΙΤΕΡΩΝ

- Premium English Pale Malt

ΛΥΚΙΣΚΟΣ

- Challenger (7,5% AA)
- Λυκίσκος πρώτου μούστου – 20 g/¾oz
- Challenger (7,5% AA)
- Βράστε 15 λεπτά - 40 γρ./1½ ουγκιά
- Challenger (7,5% AA)
- Προσθέστε στη φωτιά – 40g/1½oz

ΜΑΓΙΑ

- Μαγιά Yorkshire Ale
- 1 δισκίο Protofloc (Irish Moss).

ΚΑΤΕΥΘΎΝΣΕΙΣ

a) Ετοιμάστε τη μαγιά σας. Καθαρίστε και προετοιμάστε τον εξοπλισμό ζυθοποιίας σας

b) Φέρτε 20 λίτρα/λίτρα νερού στους 69°C (156°F).

c) Πολτοποιήστε. Διατηρήστε θερμοκρασία πολτού στους 65°C (149°F) για 60 λεπτά.

d) Πολτοποιήστε – αυξήστε τη θερμοκρασία των κόκκων σας στους 75°C (167°F).

e) Ψεκάστε με 4 λίτρα/λίτρα νερού στους 75°C (167°F) για να φτάσετε τον όγκο πριν από το βρασμό που δεν υπερβαίνει τα 22 λίτρα/τέταρτο.

f) Προσθέστε τον πρώτο σας λυκίσκο. Βράστε το βότανο σας για 60 λεπτά. Προσθέστε τις προσθήκες λυκίσκου σας 15 λεπτά πριν το τέλος του βρασμού και στο μάτι.

g) Ψύξτε το μούστο σας στους 18°C (64°F). Μετρήστε την αρχική σας βαρύτητα. Πιείτε το ποτό με νερό υγιεινής για να φτάσετε στο OG που θέλετε.

h) Μεταφέρετε το μούστο σας σε έναν καθαρό και υγιεινό ζυμωτήρα. Αερίστε το γλεύκος σας και ρίξτε την έτοιμη μαγιά σας.

i) Ζυμώστε στον κύριο ζυμωτήρα στους 18-20°C (64-68°F) για 2 εβδομάδες.

j) Μπουκάλι με 90g/3¼oz λευκής επιτραπέζιας ζάχαρης για να φτάσετε τους 1,9-2,1 όγκους CO_2.

64.   Παλιά κοσμική αγγλική IPA

ΣΥΣΤΑΤΙΚΆ

ΛΟΓΑΡΙΑΣΜΟΣ ΣΙΤΕΡΩΝ

- Pale Malt, Maris Otter 87,3% – 5,5kg/12lb
- Crystal Malt (80L) 6,3% – 400g/14oz
- Βύνη σιταριού 6,3% – 400g/14oz

ΛΥΚΙΣΚΟΣ

- Στόχος (11% ΑΑ) Πρώτος λυκίσκος μούστου – 30g/1oz
- Challenger (7,5% ΑΑ) Βράστε 10 λεπτά – 30g/1oz
- Challenger (7,5% ΑΑ) Βράστε 5 λεπτά – 30g/1oz
- Challenger (7,5% ΑΑ) άρωμα απότομο – 30 λεπτά 40g/1½oz
- East Kent Goldings (5% ΑΑ) Άρωμα απότομο
- 30 λεπτά – 50 g/1¾oz
- Στόχος (11% ΑΑ) Άρωμα απότομα 30 λεπτά – 20g/¾oz
- East Kent Goldings (5% ΑΑ) Ξηρός λυκίσκος για 3 ημέρες – 50g/1¾oz

ΜΑΓΙΑ

- Μια ξηρή μαγιά αγγλικής μπύρας, όπως τα White labs WLP007, Wyeast 1098, Mangrove Jacks m07 ή Nottingham, αν είστε πραγματικά κολλημένοι.
- 1 δισκίο Protofloc (Irish Moss).

ΚΑΤΕΥΘΎΝΣΕΙΣ

a) Ετοιμάστε τη μαγιά σας. Καθαρίστε και προετοιμάστε τον εξοπλισμό ζυθοποιίας σας

b) Φέρτε 27 λίτρα/λίτρα νερού στους 69,5°C (157°F).

c) Πολτοποιήστε. Διατηρήστε θερμοκρασία πολτού στους 65°C (149°F) για 60 λεπτά.

d) Πολτοποιήστε - αυξήστε τη θερμοκρασία των κόκκων σας στους 75°C (167°F).

e) Ψεκάστε με 6 λίτρα/λίτρα νερού στους 75°C (167°F) για να φτάσετε τον όγκο πριν το βρασμό που δεν υπερβαίνει τα 25 λίτρα/τέταρτο.

f) Προσθέστε τον πρώτο σας λυκίσκο. Βράστε το βότανο σας για 60 λεπτά. Προσθέστε τις προσθήκες λυκίσκου σας 10 και 5 λεπτά πριν το τέλος του βρασμού.

g) Ψύξτε την μπύρα σας στους 75-79°C (167-174°F) και προσθέστε το άρωμα Λυκίσκο. Βράστε τα για 30 λεπτά.

h) Ψύξτε το μούστο σας στους 18°C (64°F). Μετρήστε την αρχική σας βαρύτητα. Πιείτε το ποτό με νερό υγιεινής για να φτάσετε στο OG που θέλετε.

i) Μεταφέρετε το μούστο σας σε έναν καθαρό και υγιεινό ζυμωτήρα. Αερίστε το γλεύκος σας και ρίξτε την έτοιμη μαγιά σας.

j) Ζυμώστε στον κύριο ζυμωτήρα στους 18-20°C (64-68°F) για 2 εβδομάδες ή μέχρι να έχετε τρεις ίδιες μετρήσεις βαρύτητας σε διάστημα 3 ημερών.

k) Μεταφέρετε σε δευτερεύοντα ζυμωτήρα και στεγνώστε τον λυκίσκο για 3 ημέρες.

l) Μπουκάλι με 100g/3½oz λευκή επιτραπέζια ζάχαρη για να φτάσετε τους 2,1-2,3 όγκους $CO2$.

65. <u>Brown ale</u>

ΣΥΣΤΑΤΙΚΆ

ΛΟΓΑΡΙΑΣΜΟΣ ΣΙΤΕΡΩΝ

- Pale Malt, Maris Otter 82,2% – 3,7kg/8lb

- Dark Crystal Malt (120L) 4,4% – 200g/7oz

- Pale Crystal Malt (20L) 4,4% – 200g/7oz

- Βύνη κεχριμπαριού 4,4% – 200g/7oz

- Βύνη σοκολάτας 4,4% – 200g/7oz

ΛΥΚΙΣΚΟΣ

- Στόχος (11% AA) Λυκίσκος πρώτου μούστου – 15g/½oz

- Fuggles (4,5% AA) Βράζετε 15 λεπτά – 20 g/¾oz

- Fuggles (4,5% AA) Βράστε 5 λεπτά – 20g/¾oz

ΜΑΓΙΑ

- Μια ξηρή μαγιά αγγλικής μπύρας, όπως τα White labs WLP007, Wyeast 1098, Mangrove Jacks m07 ή Nottingham, αν είστε πραγματικά κολλημένοι.

- 1 δισκίο Protofloc (Irish Moss).

ΚΑΤΕΥΘΎΝΣΕΙΣ

a) Φέρτε 22 λίτρα/λίτρα νερού στους 71°C (160°F).

b) Πολτοποιήστε. Διατηρήστε θερμοκρασία πολτού στους 66,5°C (152°F) για 60 λεπτά.

c) Πολτοποιήστε – αυξήστε τη θερμοκρασία των κόκκων σας στους 75°C (167°F).

d) Ψεκάστε με 4 λίτρα/λίτρα νερού στους 75°C (167°F) για να φτάσετε τον όγκο πριν από το βρασμό που δεν υπερβαίνει τα 22 λίτρα/τέταρτο.

e) Προσθέστε τον πρώτο σας λυκίσκο. Βράστε το βότανο σας για 60 λεπτά. Προσθέστε τις προσθήκες λυκίσκου σας στα 15 και 5 λεπτά πριν το τέλος του βρασμού

f) Ψύξτε το μούστο σας στους 18°C (64°F). Μετρήστε την αρχική σας βαρύτητα και το ποτό πίσω με νερό υγιεινής για να φτάσετε στο OG που θέλετε.

g) Μεταφέρετε το μούστο σας σε έναν καθαρό και υγιεινό ζυμωτήρα. Αερίστε το γλεύκος σας και ρίξτε την έτοιμη μαγιά σας.

h) Ζυμώστε στον κύριο ζυμωτήρα στους 18-20°C (64-68°F) για 2 εβδομάδες ή μέχρι να έχετε τρεις ίδιες μετρήσεις βαρύτητας σε διάστημα 3 ημερών.

i) Μπουκάλι με 100g/3½oz λευκή επιτραπέζια ζάχαρη για να φτάσετε τους 2,1-2,3 όγκους CO_2

66. Σκωτσέζικη εξαγωγή

ΣΥΣΤΑΤΙΚΆ

ΛΟΓΑΡΙΑΣΜΟΣ ΣΙΤΕΡΩΝ

- Maris Otter 84,2% – 3,2kg/7lb

- Special B Malt 5,3% – 200g/7oz

- Pale Crystal Malt 5% – 200g/7oz

- Βύνη κεχριμπαριού 2,6% – 100g/3½oz

- Βύνη σοκολάτας 2,6% – 100g/3½oz

ΛΥΚΙΣΚΟΣ

- East Kent Goldings (5% AA) Πρώτος λυκίσκος του μούστου – 25g/7/8oz

- East Kent Goldings (5% AA) Βράστε 15 λεπτά – 25g/7/8oz

ΜΑΓΙΑ

- Μαγιά μπύρας του Εδιμβούργου ή Σκωτίας

- 1 δισκίο Protofloc (Irish Moss).

ΚΑΤΕΥΘΎΝΣΕΙΣ

a) Φέρτε 18 λίτρα/λίτρα νερού στους 71°C (160°F).

b) Πολτοποιήστε. Διατηρήστε θερμοκρασία πολτού στους 66,5°C (152°F) για 60 λεπτά.

c) Πολτοποιήστε - αυξήστε τη θερμοκρασία των κόκκων σας στους 75°C (167°F).

d) Ψεκάστε με 4 λίτρα/λίτρα νερού στους 75°C (167°F) για να φτάσετε τον όγκο πριν από το βρασμό που δεν υπερβαίνει τα 22 λίτρα/τέταρτο.

e) Προσθέστε τον πρώτο σας λυκίσκο. Βράστε το βότανο σας για 60 λεπτά. Προσθέστε τις προσθήκες λυκίσκου σας 15 λεπτά πριν το τέλος του βρασμού.

f) Ψύξτε το μούστο σας στους 18°C (64°F). Μετρήστε την αρχική σας βαρύτητα και το ποτό πίσω με νερό υγιεινής για να φτάσετε στο OG που θέλετε.

g) Μεταφέρετε το μούστο σας σε έναν καθαρό και υγιεινό ζυμωτήρα. Αερίστε το γλεύκος σας και ρίξτε την έτοιμη μαγιά σας.

h) Ζυμώστε στον κύριο ζυμωτήρα στους 18-20°C (64-68°F) για 2 εβδομάδες.

i) Μπουκάλι με 80g/3oz καστανή ζάχαρη για να φτάσετε τους 1,9-2,1 όγκους CO_2.

67. <u>Crock-Pot Root Beer Moonshine</u>

MEΡΙΔΙΕΣ: 20 άτομα

ΣΥΣΤΑΤΙΚΆ

- 10 Φλιτζάνια Νερό

- 2 ½ φλιτζάνια κρυσταλλική ζάχαρη

- ½ φλιτζάνι καστανή ζάχαρη (συσκευασμένη)

- 1 κουταλιά της σούπας καθαρό εκχύλισμα βανίλιας

- 4 κουταλιές της σούπας εκχύλισμα μπύρας ρίζας

- 1 λίτρο οινόπνευμα Everclear Grain (ή βότκα)

ΚΑΤΕΥΘΎΝΣΕΙΣ:

a) Προσθέστε νερό, κρυσταλλική ζάχαρη, καστανή ζάχαρη και καθαρό εκχύλισμα βανίλιας σε μια μικρή κουζίνα 4 λίτρων ή μεγαλύτερη.

b) Καλύψτε και μαγειρέψτε σε ΥΨΗΛΟ για 2 ώρες, ανακατεύοντας κατά διαστήματα.

c) Απενεργοποιήστε ή αποσυνδέστε την αργή κουζίνα και ανακατέψτε το εκχύλισμα μπύρας ρίζας.

d) Αφήστε το υγρό να κρυώσει εντελώς και στη συνέχεια ανακατέψτε το everclear ή τη βότκα.

e) Τοποθετήστε το μείγμα σε καθαρά βάζα κονσερβοποίησης με καπάκια και δαχτυλίδια σε δροσερό σκοτεινό μέρος.

f) Πίνετε υπεύθυνα!

68.   Μπύρα μπανάνας

Απόδοση: 35 ποτήρια

ΣΥΣΤΑΤΙΚΆ:

- 5 ώριμες μπανάνες. πουρές

- 5 Πορτοκάλια? χυμό από

- 5 λεμόνια? χυμό από

- 5 φλιτζάνια Ζαχαρόνερο

ΚΑΤΕΥΘΎΝΣΕΙΣ:

a) Ανακατεύουμε και παγώνουμε.

b) Γεμίστε ένα μεγάλο ποτήρι ⅓γεμάτο (ή περισσότερο) με κατεψυγμένο μείγμα και προσθέστε 7-Up, Sprite, Gingerale κ.λπ.

69. Μπύρα ανανά

Απόδοση: 24 μερίδες

ΣΥΣΤΑΤΙΚΆ

- 2 ανανάδες, φύλλα κομμένα και η φλούδα καθαρισμένη

- 24 φλιτζάνια ζεστό νερό Luke (6 λίτρα)

- 5 φλιτζάνια λευκή ζάχαρη

- 1 φλιτζάνι Σταφίδες, ελαφρώς μελανιασμένες

- 2 1/2 † Στιγμιαία ξηρή μαγιά

ΚΑΤΕΥΘΎΝΣΕΙΣ:

a) Ψιλοκόψτε τους ανανάδες, ξεφλουδίστε και όλα, χοντρικά

b) Τοποθετήστε όλα τα υλικά, εκτός από τη μαγιά, σε ένα μεγάλο, καθαρό πλαστικό δοχείο.

c) Πασπαλίστε τη μαγιά από πάνω – αφήστε ένα λεπτό και στη συνέχεια ανακατέψτε καλά το μείγμα

d) Χρησιμοποιήστε ένα κομμάτι τούλι για να κλείσετε πάνω από το πάνω μέρος του κάδου – στερεώστε το με κορδόνι ή ένα λαστιχάκι.

e) Αφήστε σε σκοτεινό μέρος για 72 ώρες – ανακατεύοντας δύο φορές την ημέρα

f) Στραγγίστε και εμφιαλώστε την μπύρα, αλλά βάλτε τα καπάκια μόνο μετά από 12 ώρες – διατηρήστε την παγωμένη και σερβίρετε όπως είναι με πάγο

70. Μπύρα Κάκτου

ΣΥΣΤΑΤΙΚΆ:

- 3 κιλά καλαμποκάλευρο χοντροαλεσμένο

- 1 κιλό πολτός σκουός

- Φρούτα κάκτου φραγκόσυκου 1 κιλού

- 3 γαλόνια νερό

- μαγιά μπύρα

ΚΑΤΕΥΘΎΝΣΕΙΣ

a) Θρυμματίζουμε το βλαστημένο καλαμπόκι και ρίχνουμε στην κατσαρόλα με 8 λίτρα κρύο νερό. Καθίστε και αφήστε να καθίσει μια ώρα. Αφήνουμε να πάρει βράση, προσθέτουμε τη ζάχαρη, χαμηλώνουμε τη φωτιά και σιγοβράζουμε για τρεις ώρες (ανακατεύοντας τακτικά). Προσθέστε όσα μπαχαρικά επιθυμείτε στο τέλος του βρασμού.

b) Αφαιρέστε και αφήστε το να καθίσει για μία ώρα. Στη συνέχεια, στραγγίστε το υγρό σε έναν ζυμωτήρα χρησιμοποιώντας ένα σουρωτήρι, πανί τυριού ή οποιαδήποτε άλλη μέθοδο προτιμάτε. Μόλις κρυώσει στους 70° F (21° C), ρίξτε τη μαγιά και ζυμώστε σε θερμοκρασία δωματίου (μεταξύ 60 και 75° F) για πέντε ημέρες. Τοποθετήστε το σε δευτερεύον και ζυμώστε για μία έως δύο εβδομάδες μέχρι να διαυγαστεί.

c) Μπουκάλι χρησιμοποιώντας 1 κουταλάκι του γλυκού ζάχαρη καλαμποκιού ανά μπουκάλι για αστάρωμα. Τέλος, αφήστε το να καθίσει άλλες δύο εβδομάδες μετά την εμφιάλωση πριν το πιείτε.

71. Μπύρα Mango

Απόδοση: 5 γαλόνια ΗΠΑ. (18,9 L)

ΣΥΣΤΑΤΙΚΑ:

ΒΥΝΕΣ

- 5 λίβρες (2,27 κιλά) βύνη Pilsner

- 2,5 λίβρες (1,13 κιλά) βύνη λευκού σίτου

- 2,5 λίβρες (1,13 κιλά) κόκκινη βύνη σιταριού

ΛΥΚΙΣΚΟΣ

- 0,75 oz. (21 g) Saaz @ 30 λεπτά

ΕΠΙΠΛΕΟΝ ΕΙΔΗ

- 0,25 oz. (7 g) θρυμματισμένος σπόρος κόλιανδρου @ 10 λεπτά

- 0,5 oz. (14 g) θαλασσινό αλάτι @ 10 λεπτά

- 4 λίβρες (1,81 κιλά) κατεψυγμένα κομμάτια μάνγκο, αποψυγμένα, 5 ημέρες δευτερεύοντα

- γαλακτικό οξύ προαιρετικό, όπως απαιτείται για τη ρύθμιση του pH

ΜΑΓΙΑ ΚΑΙ ΒΑΚΤΗΡΙΑ

- 1 κουτί Goodbelly Mango Juice Drink

- 2 συσκευασίες Fermentis SafAle US-05

ΚΑΤΕΥΘΎΝΣΕΙΣ:

a) Πολτοποιήστε στους 148°F (64°C) για 75 λεπτά και ψεκάστε ως συνήθως για να συλλέξετε τον πλήρη όγκο πριν το βρασμό. Φέρτε το μούστο σε βρασμό ή τουλάχιστον στους 180°F (82°C), μόνο για να το αποστειρώσετε.

b) Ψυκτικό μούστο στους 110°F (43°C). Ελέγξτε το pH και τη βαρύτητα και προσθέστε γαλακτικό οξύ, εάν χρειάζεται, για να μειώσετε το pH στο 4,5 για ασφάλεια.

c) Μεταγγίστε το χυμό Goodbelly και ρίξτε το ίζημα Lactobacillus στο μούστο. Διατηρήστε αυτό το μούστο γύρω στους 90–100°F (32–38°C) για δύο ημέρες για να γίνει ξίνισμα.

d) Μετά από δύο ημέρες, μετρήστε το pH και τη βαρύτητα. Η βαρύτητα δεν έπρεπε να έχει αλλάξει πολύ, αλλά το pH έπρεπε να πέσει στα χαμηλά 3s.

e) Φέρτε το ξινόχορτο να βράσει και προσθέστε Λυκίσκο και μπαχαρικά σε καθορισμένες ώρες. Ψύξτε στους 70°F (21°C), μετακινηθείτε στον ζυμωτήρα και ρίξτε το US-05.

f) Καθώς ολοκληρώνεται η ζύμωση, ξεπαγώστε και ξαναπαγώστε το μάνγκο δύο ή τρεις φορές για να βοηθήσετε στη διάσπαση των τοιχωμάτων των κυττάρων των φρούτων. Όταν ολοκληρωθεί η ζύμωση, προσθέστε το αποψυγμένο μάνγκο και αφήστε το να καθίσει στον ζυμωτήρα για πέντε ημέρες.

g) Κρυώστε για δύο ημέρες και βεβαιωθείτε ότι τα φρούτα έχουν καθίσει στο κάτω μέρος του ζυμωτήρα πριν από τη συσκευασία.

72. <u>Καρυκευμένη μπύρα scotch</u>

ΣΥΣΤΑΤΙΚΆ

ΛΟΓΑΡΙΑΣΜΟΣ ΣΙΤΕΡΩΝ

- Pale Malt, Maris Otter 91,5% – 7,5kg/16½lb

- Dark Crystal Malt (120L) 7,3% – 600g/1⅜lb

- Κριθάρι ψητό 1,2% – 100g/3½oz

ΛΥΚΙΣΚΟΣ

- East Kent Goldings (5% AA)

- Λυκίσκος πρώτου μούστου – 50 g/1¾oz

ΜΑΓΙΑ

- Μαγιά μπύρας του Εδιμβούργου ή Σκωτίας

- 25g/17/8oz σπόροι κόλιανδρου (κόλιανδρο), θρυμματισμένοι

- 1 δισκίο Protofloc (Irish Moss).

ΚΑΤΕΥΘΎΝΣΕΙΣ

a) Φέρτε 26 λίτρα/λίτρα νερού στους 72,5°C (162°F).

b) Πολτοποιήστε. Διατηρήστε θερμοκρασία πολτού στους 66,5°C (152°F) για 60 λεπτά.

c) Πολτοποιήστε – αυξήστε τη θερμοκρασία των κόκκων σας στους 75°C (167°F).

d) Ψεκάστε με περίπου 6 λίτρα/λίτρα νερού στους 75°C (167°F)
    για να φτάσετε τον όγκο πριν το βρασμό που δεν υπερβαίνει τα
    24 λίτρα.

e) Προσθέστε τον πρώτο σας λυκίσκο. Φέρτε το μούστο σας να
    πάρει βράση και μετά βράστε για 60 λεπτά. Προσθέστε την
    προσθήκη θρυμματισμένου κόλιανδρου 5 λεπτά πριν το τέλος
    του βρασμού σας.

f) Ψύξτε το μούστο σας στους 18°C (64°F). Μετρήστε την αρχική
    σας βαρύτητα και το ποτό πίσω με νερό υγιεινής για να
    φτάσετε στο OG που θέλετε.

g) Μεταφέρετε το μούστο σας σε έναν καθαρό και υγιεινό
    ζυμωτήρα. Αερίστε το γλεύκος σας και ρίξτε την έτοιμη μαγιά
    σας.

h) Ζυμώστε στον κύριο ζυμωτήρα για 18-20°C (64-68°F) για τις
    πρώτες 3 ημέρες. Μετά από αυτό, μπορείτε να το αφήσετε να
    ανέβει σε θερμοκρασία έως και 24°C (75°F) για τις υπόλοιπες
    2 εβδομάδες σας ή μέχρι να έχετε τρεις ίδιες μετρήσεις
    βαρύτητας.

i) Αφού αποφασίσετε σε τι θα το αφήσετε να ανέβει, μην το
    αφήσετε να πέσει. Διαφορετικά, η μαγιά σας θα μπορούσε να
    κροκιδωθεί και θα έχετε υπο-εξασθενημένη μπύρα.

j) Μπουκάλι με 100g/3½oz λευκή επιτραπέζια ζάχαρη για να
    φτάσετε τους 2,1-2,3 όγκους CO_2. Παλαίωση στη φιάλη για

τουλάχιστον 2 εβδομάδες σε θερμοκρασία δωματίου. Αυτή η μπύρα θα συνεχίσει να αναπτύσσεται με την ηλικία.

73.   Πικρό πικρό

ΣΥΣΤΑΤΙΚΆ

ΛΟΓΑΡΙΑΣΜΟΣ ΣΙΤΕΡΩΝ

- Maris Otter 85,7% – 3kg/6½lb

- British Crystal Malt (80L) 8,6% – 300g/10½oz

- Βύνη σιταριού 5,7% 200g/7oz

ΛΥΚΙΣΚΟΣ

- East Kent Goldings First wort hop

- – 20 g/¾oz

- East Kent Goldings Βράστε 15 λεπτά

- – 40 g/1½oz

- East Kent Goldings Boil 1 λεπτό

- – 40 g/1½oz

ΜΑΓΙΑ

- English Ale Yeast όπως White labs WLP002, Wyeast 1968 ή Safale S-04

- 1 δισκίο Protofloc (Irish Moss).

ΚΑΤΕΥΘΎΝΣΕΙΣ

a) Φέρτε 18 λίτρα/λίτρα νερού στους 70°C (158°F).

b) Πολτοποιήστε. Διατηρήστε θερμοκρασία πολτού στους 66,5°C (152°F) για 60 λεπτά.

c) Πολτοποιήστε - αυξήστε τη θερμοκρασία των κόκκων σας στους 75°C (167°F).

d) Ψεκάστε με 5 λίτρα/λίτρα νερού στους 75°C (167°F) για να φτάσετε τον όγκο πριν το βρασμό που δεν υπερβαίνει τα 22 λίτρα/τέταρτο.

e) Προσθέστε τον πρώτο σας λυκίσκο. Βράστε το βότανο σας για 60 λεπτά. Προσθέστε τις προσθήκες λυκίσκου σας στα 15 και 1 λεπτό πριν το τέλος του βρασμού.

f) Ψύξτε το μούστο σας στους 18°C (64°F). Μετρήστε την αρχική σας βαρύτητα και το ποτό πίσω με νερό υγιεινής για να φτάσετε στο OG που θέλετε.

g) Μεταφέρετε το μούστο σας σε έναν καθαρό και υγιεινό ζυμωτήρα. Αερίστε το γλεύκος σας και ρίξτε την έτοιμη μαγιά σας.

h) Ζυμώστε στον κύριο ζυμωτήρα στους 18-20°C (64-68°F) για 2 εβδομάδες.

i) Μπουκάλι με 70g/$2\frac{1}{2}$oz λευκή επιτραπέζια ζάχαρη για να φτάσετε τους 1,8-2 όγκους CO_2.

74. <u>Αμερικανική μπύρα σίτου</u>

ΣΥΣΤΑΤΙΚΆ

ΛΟΓΑΡΙΑΣΜΟΣ ΣΙΤΕΡΩΝ

- Maris Otter, Extra Pale 58,3% – 2,7kg/6lb

- Σιτάρι χωρίς βύνη 33,3% – 1,5 kg/3¼lb

- Βρώμη, ρολό 8,3% – 400g/14oz

ΛΥΚΙΣΚΟΣ

- Simcoe (12,3% AA) Βράζετε 20 λεπτά – 25g/7/8oz

- Amarillo (8,2% AA) Βράστε 15 λεπτά – 25g/7/8oz

- Simcoe (12,3% AA) Βράζετε 10 λεπτά – 25g/7/8oz

- Amarillo (8,2% AA) Άρωμα απότομο – 50g/1¾oz

- Simcoe (12,3% AA) Απότομο άρωμα – 50g/1¾oz

- Amarillo (8,2% AA) Ξηρός λυκίσκος – 25g/7/8oz

ΜΑΓΙΑ

- West Coast Ale Yeast WLP001 ή Wyeast 1056, μεταξύ άλλων

ΚΑΤΕΥΘΎΝΣΕΙΣ

a) Φέρτε 22 λίτρα/λίτρα νερού στους 69,5°C (157°F).

b) Πολτοποιήστε. Διατηρήστε θερμοκρασία πολτού στους 64,5°C (148°F) για 60–90 λεπτά

c) Πολτοποιήστε - αυξήστε τη θερμοκρασία των κόκκων σας στους 75°C (167°F).

d) Ψεκάστε με 6 λίτρα/λίτρα νερού στους 75°C (167°F) για να φτάσετε τον όγκο πριν το βρασμό που δεν υπερβαίνει τα 26 λίτρα/τέταρτο.

e) Βράστε το βότανο σας για 90 λεπτά. Προσθέστε τις προσθήκες λυκίσκου σας σε μια έκρηξη λυκίσκου, στα 20, 15, 10 και 5 λεπτά πριν το τέλος του βρασμού.

f) Ψύξτε την μπύρα σας στους 75-79°C (167-174°F) και προσθέστε το άρωμα Λυκίσκο. Βράστε τα για 30 λεπτά σε θερμοκρασία όχι μεγαλύτερη από 79°C (174°F).

g) Ψύξτε το μούστο σας στους 18°C (64°F). Μετρήστε την αρχική σας βαρύτητα. Πιείτε το ποτό με νερό υγιεινής για να φτάσετε στο OG που θέλετε.

h) Μεταφέρετε το μούστο σας σε έναν καθαρό και υγιεινό ζυμωτήρα. Αερίστε το γλεύκος σας και ρίξτε την έτοιμη μαγιά σας.

i) Ζυμώστε στον κύριο ζυμωτήρα στους 18-20°C (64-68°F) για 2 εβδομάδες. Βεβαιωθείτε ότι έχετε τρεις ίδιες μετρήσεις βαρύτητας σε διάστημα 3 ημερών.

j) Μεταφέρετε σε δευτερεύοντα ζυμωτήρα και ξεράστε τον λυκίσκο για 3 ημέρες.

k) Μπουκάλι με 110g/37/8oz λευκή επιτραπέζια ζάχαρη για να φτάσετε τους 2,4-2,5 όγκους CO_2.

75. <u>Ντουλάπι καταστήματος καφέ αμερικάνικο</u>

Λογαριασμός σιτηρών

- Pale malt, Maris Otter 76,1% – 4kg/9lb

- Κρυσταλλική βύνη 9,5% – 500g/1$\frac{1}{8}$lb

- Βύνη κεχριμπαριού 5,7% – 300g/10$\frac{1}{2}$oz

- Βύνη σοκολάτας 4,8% – 250 g/8$\frac{3}{4}$oz

- Βρώμη, τυλιγμένη 3,9% – 200g/7oz

Λυκίσκος

- Κολόμβος (Tomahawk, Zeus, 16% AA)

- Βράστε 10 λεπτά – 30g/1oz

- Κολόμβος (Tomahawk, Zeus, 16% AA)

- Βράστε 5 λεπτά – 30g/1oz

- Κολόμβος (Tomahawk, Zeus, 16% AA)

- Άρωμα απότομο – 100g/3$\frac{1}{2}$oz

- Centennial (10% AA) άρωμα απότομο – 40g/1$\frac{1}{2}$oz

Μαγιά

- West Coast Ale Yeast, όπως Safale US-05, WLP001 ή Wyeast 1056

- 1 Tablet Irish Moss

ΚΑΤΕΥΘΎΝΣΕΙΣ

a) Φέρτε 24 λίτρα/λίτρα νερού στους 71,5°C (161°F).

b) Πολτοποιήστε. Διατηρήστε θερμοκρασία πολτού στους 66°C (151°F) για 60 λεπτά.

c) Πολτοποιήστε – αυξήστε τη θερμοκρασία των κόκκων σας στους 75°C (167°F).

d) Ψεκάστε με 4 λίτρα/λίτρα νερού στους 75°C (167°F) για να φτάσετε τον όγκο πριν το βρασμό που δεν υπερβαίνει τα 25 λίτρα/τέταρτο.

e) Βράστε το βότανο σας για 60 λεπτά. Προσθέστε το σκάσιμο του λυκίσκου σας στα 10 και 5 λεπτά πριν το τέλος του βρασμού. Προσθέστε το δισκίο πρόστιμο στα 15 λεπτά.

f) Ψύξτε τη μπύρα σας στους 75-79°C (167-174°F) και προσθέστε την προσθήκη αρώματος λυκίσκου.

g) Βράστε τα για 30 λεπτά σε θερμοκρασία όχι μεγαλύτερη από 79°C (174°F).

h) Ψύξτε το βαλσαμόχορτο στους 18°C (64°F), αλκοολίζοντας πάλι με νερό υγιεινής για να φτάσετε στην αρχική σας βαρύτητα.

i) Μεταφέρετε το μούστο σας σε έναν καθαρό και υγιεινό ζυμωτήρα. Αερίστε το γλεύκος σας και ρίξτε την έτοιμη μαγιά σας.

j) Ζυμώστε στον κύριο ζυμωτήρα στους 18-20°C (64-68°F) για 2 εβδομάδες. Βεβαιωθείτε ότι έχετε τρεις ίδιες μετρήσεις βαρύτητας σε διάστημα 3 ημερών.

k) Μπουκάλι με 110g/37/8oz λευκή επιτραπέζια ζάχαρη για να φτάσετε τους 2,4-2,5 όγκους CO_2.

76.   Αμερικάνικο κρασί κριθαριού

Λογαριασμός σιτηρών

- Pale malt, Maris Otter 90% – 9kg/20lb

- Crystal Malt 5% – 500g/1⅛lb

- Κεχριμπάρι βύνη 2% – 200g/7oz

- Βρώμη, τυλιγμένη 3% – 300g/10½oz

Λυκίσκος

- Warrior (15% AA) Λυκίσκος πρώτου μούστου – 50g/1¾oz

- Amarillo (8,5% AA) Βράστε 10 λεπτά – 50g/1¾oz

- Σινούκ (13% AA) Βράστε 5 λεπτά – 50 g/1¾oz

- Amarillo (8,5% AA) Άρωμα απότομο – 50g/1¾oz

- Σινούκ (13% AA) Άρωμα απότομο – 50g/1¾oz

Μαγιά

- West Coast Ale Yeast, όπως Safale US-05, WLP001 ή Wyeast 1056.

- 1 Tablet Irish Moss

ΚΑΤΕΥΘΎΝΣΕΙΣ

a) Φέρτε 28 λίτρα/λίτρα νερού στους 72°C (161°F).

b)   Πολτοποιήστε. Διατηρήστε θερμοκρασία πολτού στους 66°C (151°F) για 60-75 λεπτά.

c)   Πολτοποιήστε – αυξήστε τη θερμοκρασία των κόκκων σας στους 75°C (167°F).

d)   Ψεκάστε με 8 λίτρα/λίτρα νερού στους 75°C (167°F) για να φτάσετε τον όγκο πριν το βρασμό που δεν υπερβαίνει τα 25 λίτρα/τέταρτο.

e)   Προσθέστε τον πρώτο σας λυκίσκο και βράστε το μούστο σας για 60 λεπτά. Προσθέστε το άρωμα σας Λυκίσκο στα 10 και 5 λεπτά πριν το τέλος του βρασμού. Προσθέστε το δισκίο πρόστιμο στα 15 λεπτά.

f)   Ψύξτε τη μπύρα σας στους 75-79°C (167-174°F) και προσθέστε την προσθήκη αρώματος λυκίσκου.

g)   Βράστε τα για 30 λεπτά σε θερμοκρασία όχι μεγαλύτερη από 79°C (174°F).

h)   Ψύξτε το βαλσαμόχορτο στους 18°C (64°F), αλκοολίζοντας πάλι με νερό υγιεινής για να φτάσετε στην αρχική σας βαρύτητα.

i)   Μεταφέρετε το μούστο σας σε έναν καθαρό και υγιεινό ζυμωτήρα. Αερίστε το γλεύκος σας και ρίξτε την έτοιμη μαγιά σας.

j)   Ζυμώστε στον κύριο ζυμωτήρα στους 18-20°C (64-68°F) για 2-3 εβδομάδες. Βεβαιωθείτε ότι έχετε τρεις ίδιες μετρήσεις βαρύτητας σε διάστημα 3 ημερών.

k) Μπουκάλι με 120g/4¼oz λευκή επιτραπέζια ζάχαρη για να φτάσετε τους 2,5-2,7 όγκους CO_2.

l) Παλαίστε αυτή τη μπύρα για τουλάχιστον 4 εβδομάδες σε θερμοκρασία δωματίου.

77.   <u>Κοινή Καλιφόρνια</u>

Λογαριασμός σιτηρών

- Pale malt, Maris Otter 90,9% - 4,5kg/10lb

- Κρυσταλλική βύνη 5,1% - 250 g/8¾oz

- Κεχριμπάρι βύνη 4% - 200g/7oz

Λυκίσκος

- Hallertauer Mittelfrueh (4% AA)

- Λυκίσκος πρώτου μούστου - 50 g/1¾oz

- Hallertauer Mittelfrueh (4% AA)

- Βράστε 15 λεπτά - 50 g/1¾oz

- Hallertauer Mittelfrueh (4% AA)

- Απότομο άρωμα - 50g/1¾oz

Μαγιά

- Μαγιά Lager San Francisco (California Lager Yeast – WLP810, Wyeast 2112)

- 1 Tablet Irish Moss

ΚΑΤΕΥΘΎΝΣΕΙΣ

a) Φέρτε 24 λίτρα/λίτρα νερού στους 71°C (160°F).

b) Πολτοποιήστε. Διατηρήστε θερμοκρασία πολτού στους 65°C (149°F) για 60-75 λεπτά.

c) Πολτοποιήστε - αυξήστε τη θερμοκρασία των κόκκων σας στους 75°C (167°F).

d) Ψεκάστε με 6 λίτρα/λίτρα νερού στους 75°C (167°F) για να φτάσετε τον όγκο πριν από το βρασμό που δεν υπερβαίνει τα 24 λίτρα/τέταρτο.

e) Προσθέστε τον πρώτο σας λυκίσκο και βράστε το γλεύκος σας για 60 λεπτά. Προσθέστε τη γεύση σας Λυκίσκος και φινιρίσματα 15 λεπτά πριν το τέλος του βρασμού.

f) Ψύξτε τη μπύρα σας στους 75-79°C (167-174°F) και προσθέστε την προσθήκη αρώματος λυκίσκου.

g) Βράστε τα για 30 λεπτά σε θερμοκρασία όχι μεγαλύτερη από 79°C (174°F).

h) Ψύξτε το βαλσαμόχορτο στους 18°C (64°F), αλκοολίζοντας πάλι με νερό υγιεινής για να φτάσετε στην αρχική σας βαρύτητα.

i) Μεταφέρετε το μούστο σας σε έναν καθαρό και υγιεινό ζυμωτήρα. Αερίστε το γλεύκος σας και ρίξτε την έτοιμη μαγιά σας.

j) Ζυμώστε στον κύριο ζυμωτήρα στους 14-18°C (57-64°F) για 2 εβδομάδες. Βεβαιωθείτε ότι έχετε τρεις ίδιες μετρήσεις βαρύτητας σε διάστημα 3 ημερών.

k) Μπουκάλι με 110g/37/8oz λευκή επιτραπέζια ζάχαρη για να φτάσετε τους 2,4-2,5 όγκους CO_2.

79. Μπαμπελάκι του Abbey

Λογαριασμός σιτηρών

- Pale Malt, Belgian 66,7% – 4kg/9lb

- Βύνη σίτου 8,3% – 500g/1⅛lb

- Cara–Munich Malt 8,3% – 500g/1⅛lb

- Μαύρη ζάχαρη Candi 16,7% – 1kg/2¼lb

Λυκίσκος

- Hallertauer Mittelfrueh (4% AA)

- Λυκίσκος πρώτου μούστου – 30g/1oz

- Hallertauer Mittelfrueh (4% AA)

- Βράστε 20 λεπτά – 30 g/1oz

Μαγιά

- Μαγιά βελγικού αβαείου. Για αυτό, θα πήγαινα για μαγιά Rochefort (WLP540, Wyeast 1762), αλλά θα μπορούσατε επίσης να πάτε για μαγιά Wesmalle (WLP530, Wyeast 3787) ή μαγιά Chimay (WLP500, Wyeast 1214)

- Εναλλακτικές λύσεις: Αποξηραμένη βελγική μαγιά όπως Safbrew Abbaye ή Mangrove Jacks Belgian Ale

- 1 Tablet Irish Moss

ΚΑΤΕΥΘΎΝΣΕΙΣ

a) Ετοιμάστε τη μαγιά σας. Θα χρειαστείτε πολλά. Καθαρίστε και προετοιμάστε τον εξοπλισμό ζυθοποιίας σας.

b) Φέρτε 24 λίτρα/λίτρα νερού στους 69°C (156°F). Επεξεργαστείτε αυτό το νερό σύμφωνα με την αναφορά νερού σας.

c) Πολτοποιήστε. Διατηρήστε θερμοκρασία πολτού στους 65°C (149°F) για 60 λεπτά.

d) Πολτοποιήστε – αυξήστε τη θερμοκρασία των κόκκων στους 75°C (167°F).

e) Ψεκάστε με 4 λίτρα/λίτρα νερού στους 75°C (167°F) για να φτάσετε τον όγκο πριν το βρασμό που δεν υπερβαίνει τα 23 λίτρα/τέταρτο.

f) Προσθέστε τον πρώτο σας λυκίσκο και τη ζάχαρη σας. Βράστε το μούστο σας για 75-90 λεπτά.

g) Προσθέστε τη γεύση σας Λυκίσκος 20 λεπτά πριν το τέλος του βρασμού.

h) Ψύξτε το μούστο σας στους 18°C (64°F). Μετρήστε την αρχική σας βαρύτητα. Πιείτε το ποτό με νερό υγιεινής για να φτάσετε στο OG που θέλετε.

i) Μεταφέρετε το μούστο σας σε έναν καθαρό και υγιεινό ζυμωτήρα. Αερίστε το γλεύκος σας και ρίξτε την έτοιμη μαγιά σας.

j) Ζυμώστε στον κύριο ζυμωτήρα στους 18°C (64°F) για τις πρώτες 2-3 ημέρες της ενεργού ζύμωσης. Στη συνέχεια, αφαιρέστε όλη την ψύξη για να αφήσετε τη θερμοκρασία σας να ανέβει ελεύθερα. Μην το αφήνετε να ξεπεράσει τους 26°C (79°F). Όποια θερμοκρασία κι αν φτάσει, κρατήστε την εκεί μέχρι να έχετε τρεις ίδιες μετρήσεις βαρύτητας. Αναμένετε ότι αυτό θα διαρκέσει περίπου 2 εβδομάδες από το pitching.

k) Μπουκάλι με 120g/4¼oz λευκής επιτραπέζιας ζάχαρης για να φτάσετε περίπου 2,7-2,8 όγκους $CO2$. Αυτή η μπύρα θα ωφεληθεί από αρκετή ρύθμιση του μπουκαλιού και θα βελτιώνεται με την ηλικία.

80. Τετράδυμο

Λογαριασμός σιτηρών

- Pilsener Malt, Βελγική 40,5% – 3kg/6½lb

- Pale Malt, Belgian 40,5% – 3kg/6½lb

- Ζάχαρη Candi Belgian, σκούρα 18,9% – 1,4kg/3lb

Λυκίσκος

- Northern Brewer (8,5% AA)

- Λυκίσκος πρώτου μούστου – 26g/7/8oz

- Styrian Goldings (5,4% AA)

- Βράστε 30 λεπτά – 20 g/¾oz

- Hallertauer Mittelfrueh (4% AA)

- Βράστε 15 λεπτά – 20 g/¾oz

Μαγιά

- Μαγιά Wesmalle (WLP530, Wyeast 3787)

- 1 Tablet Irish Moss

ΚΑΤΕΥΘΎΝΣΕΙΣ

a) Φέρτε 25 λίτρα/λίτρα νερού στους 70°C (158°F). Επεξεργαστείτε αυτό το νερό σύμφωνα με την αναφορά νερού σας.

b) Πολτοποιήστε. Διατηρήστε θερμοκρασία πολτού στους 65°C (149°F) για 75 λεπτά.

c) Πολτοποιήστε – αυξήστε τη θερμοκρασία των κόκκων στους 75°C (167°F).

d) Ψεκάστε με 6 λίτρα/λίτρα νερού στους 75°C (167°F) για να φτάσετε τον όγκο πριν από το βρασμό που δεν υπερβαίνει τα 24 λίτρα/τέταρτο.

e) Προσθέστε τον πρώτο σας λυκίσκο και τη ζάχαρη σας. Βράστε το βότανο σας για 90 λεπτά.

f) Προσθέστε τη γεύση σας Λυκίσκος στα 30 και 15 λεπτά πριν το τέλος του βρασμού.

g) Ψύξτε το μούστο σας στους 18°C (64°F). Μετρήστε την αρχική σας βαρύτητα. Πιείτε το ποτό με νερό υγιεινής για να φτάσετε στο OG που θέλετε.

h) Μεταφέρετε το μούστο σας σε έναν καθαρό και υγιεινό ζυμωτήρα. Αερίστε το γλεύκος σας και ρίξτε την έτοιμη μαγιά σας.

i) Ζυμώστε στον κύριο ζυμωτήρα στους 18°C (64°F) για τις πρώτες 2 ημέρες της ενεργού ζύμωσης. Στη συνέχεια, αφαιρέστε όλη την ψύξη για να αφήσετε τη θερμοκρασία σας να ανέβει ελεύθερα. Ψύξτε το μόνο αν φτάσει στους 30°C (86°F). Όποια θερμοκρασία κι αν φτάσει, ζεστάνετε τη ζύμωση σας για να μην την αφήσετε να πέσει.

j) Ολοκληρώνεται όταν έχετε τρεις ίδιες μετρήσεις βαρύτητας σε 3 ημέρες. Αναμένετε ότι αυτό θα διαρκέσει 2-3 εβδομάδες από το pitching.

k) Μπουκάλι, φροντίζοντας να το κάνετε χωρίς προσθήκη οξυγόνου, με 120g/4$\frac{1}{4}$oz λευκής επιτραπέζιας ζάχαρης για να φτάσετε περίπου 2,7-2,8 όγκους CO_2. Αυτή η μπύρα θα βελτιωθεί μόνο με την ηλικία.

81. <u>Saison</u>

Λογαριασμός σιτηρών

- Pilsner Malt, Βελγικό 90,9% – 5kg/11lb

- Σιτάρι, χωρίς βύνη 5,5% – 300g/10½oz

- Ζάχαρη, λευκή 3,6% – 200g/7oz

Λυκίσκος

- Saaz (4% AA) Λυκίσκος πρώτου μούστου – 30g/1oz

- Saaz (4% AA) Βράστε 30 λεπτά – 20 g/¾oz

- Saaz (4% AA) Βράστε 15 λεπτά – 30g/1oz

Ζύμες

- Saison Yeast, όπως WLP565, Wyeast 3724 ή Danstar Belle Saison

- Μαγιά σαμπάνιας, αποξηραμένη

ΚΑΤΕΥΘΎΝΣΕΙΣ

a) Ετοιμάστε τη μαγιά saison σας. Καθαρίστε και προετοιμάστε τον εξοπλισμό ζυθοποιίας σας.

b) Φέρτε 24 λίτρα/λίτρα νερού στους 70°C (158°F). Επεξεργαστείτε αυτό το νερό σύμφωνα με την αναφορά νερού σας.

c) Πολτοποιήστε. Διατηρήστε θερμοκρασία πολτού στους 64,5°C (148°F) για 90 λεπτά.

d) Πολτοποιήστε – αυξήστε τη θερμοκρασία των κόκκων στους 75°C (167°F).

e) Ψεκάστε με 4 λίτρα/λίτρα νερού στους 75°C (167°F) για να φτάσετε τον όγκο πριν το βρασμό που δεν υπερβαίνει τα 24 λίτρα/τέταρτο.

f) Προσθέστε τον πρώτο σας λυκίσκο και τη ζάχαρη σας. Βράστε το βότανο σας για 90 λεπτά.

g) Προσθέστε τη γεύση σας Λυκίσκος στα 30 και 15 λεπτά πριν το τέλος του βρασμού.

h) Ψύξτε το μούστο σας στους 18°C (64°F). Μετρήστε την αρχική σας βαρύτητα. Πιείτε το ποτό με νερό υγιεινής για να φτάσετε στο OG που θέλετε.

i) Μεταφέρετε το μούστο σας σε έναν καθαρό και υγιεινό ζυμωτήρα. Αερίστε το μούστο σας και ρίξτε την έτοιμη μαγιά σας.

j) Ζυμώστε στον κύριο ζυμωτήρα στους 18°C (64°F) για τις πρώτες 2 ημέρες της ζύμωσης. Στη συνέχεια, σταματήστε την ψύξη για να αφήσετε τη θερμοκρασία σας να ανέβει ελεύθερα. Μόλις ανέβει τόσο ψηλά όσο πρόκειται να φτάσει, θερμάνετε για να φτάσει τους 30–32°C (86–90°F). Μην αφήνετε τη θερμοκρασία να πέσει μέχρι να υποχωρήσει όλη η δραστηριότητα – συνήθως περίπου 7–10 ημέρες.

k) Μόλις κροκιδωθεί η μαγιά σας, μεταφέρετε τη μπύρα σας σε δευτερεύοντα ζυμωτήρα και βάλτε τη μαγιά της σαμπάνιας σας. Αφήστε το στη μαγιά για τουλάχιστον 1 εβδομάδα ή όταν έχετε τρεις ίδιες μετρήσεις βαρύτητας σε διάστημα 3 ημερών.

82. Βελγική δυνατή χρυσή μπύρα

Λογαριασμός σιτηρών

- Pilsner Malt, Βελγικό 83,3% - 5kg/11lb

- Ζάχαρη, λευκή 16,7% - 1kg/2$\frac{1}{4}$lb

Λυκίσκος

- Saaz (4% AA) Λυκίσκος πρώτου μούστου - 50g/1$\frac{3}{4}$oz

- Saaz (4% AA) Βράστε 15 λεπτά - 25g/7/8oz

- Saaz (4% AA) Βράστε 1 λεπτό - 25g/7/8oz

Μαγιά

- Βελγική Golden Ale, όπως το WLP570

- 1 Tablet Irish Moss

ΚΑΤΕΥΘΎΝΣΕΙΣ

a) Φέρτε 25 λίτρα/λίτρα νερού στους 69°C (156°F). Επεξεργαστείτε αυτό το νερό σύμφωνα με την αναφορά νερού σας.

b) Πολτοποιήστε. Διατηρήστε θερμοκρασία πολτού στους 64,5°C (148°F) για 75-90 λεπτά.

c) Πολτοποιήστε – αυξήστε τη θερμοκρασία των κόκκων στους 75°C (167°F).

d) Ψεκάστε με 4 λίτρα/λίτρα νερού στους 75°C (167°F) για να φτάσετε τον όγκο πριν το βρασμό που δεν υπερβαίνει τα 23 λίτρα/τέταρτο.

e) Προσθέστε τον πρώτο σας λυκίσκο και τη ζάχαρη σας. Βράστε το βότανο σας για 90 λεπτά.

f) Προσθέστε το άρωμα σας Λυκίσκος στα 15 και 1 λεπτό πριν το τέλος του βρασμού.

g) Ψύξτε το μούστο σας στους 18°C (64°F). Μετρήστε την αρχική σας βαρύτητα. Πιείτε το ποτό με νερό υγιεινής για να φτάσετε στο OG που θέλετε.

h) Μεταφέρετε το μούστο σας σε έναν καθαρό και υγιεινό ζυμωτήρα. Αερίστε το γλεύκος σας και ρίξτε την έτοιμη μαγιά σας.

i) Ζυμώστε στον κύριο ζυμωτήρα στους 18°C (64°F) για τις πρώτες 2-3 ημέρες της ενεργού ζύμωσης. Στη συνέχεια, αφαιρέστε όλη την ψύξη για να αφήσετε τη θερμοκρασία σας να ανέβει ελεύθερα. Προσπαθήστε να μην το αφήσετε να ξεπεράσει τους 26°C (79°F). Όποια θερμοκρασία κι αν φτάσει, κρατήστε την εκεί. Θέλετε 3 ημέρες πανομοιότυπων μετρήσεων βαρύτητας.

j) Μπουκάλι με 140g/5oz λευκής επιτραπέζιας ζάχαρης για να φτάσετε περίπου 3 όγκους CO_2.

83.   Hefeweizen

Λογαριασμός σιτηρών

- Pilsner Malt, Γερμανικό 50% – 2,2kg/47/8lb

- Βύνη Σιταριού, Γερμανική 50% – 2,2kg/47/8lb

Λυκίσκος

- Hallertauer Mittelfrueh (4% AA)

- First Wort Hop – 16g/½oz

- Hallertauer Mittelfrueh (4% AA)

- Βράστε 15 λεπτά - 16 g/½oz

Μαγιά

- Weihenstephaner Weizen Ale,

- WLP300 ή Wyeast 3068

- Εναλλακτικές λύσεις: αποξηραμένη μαγιά Hefe όπως τα Mangrove Jacks

- Βαυαρικό σιτάρι ή Safbrew WB-06

ΚΑΤΕΥΘΎΝΣΕΙΣ

a) Ετοιμάστε τη μαγιά σας. Θέλετε να ρίξετε μόνο τα δύο τρίτα από αυτά που λέει η αριθμομηχανή μαγιάς σας για να ρίξετε. Καθαρίστε και προετοιμάστε τον εξοπλισμό ζυθοποιίας σας.

b) Φέρτε 24 λίτρα/λίτρα νερού στους 69°C (156°F). Επεξεργαστείτε αυτό το νερό σύμφωνα με την αναφορά νερού σας.

c) Πολτοποιήστε. Διατηρήστε θερμοκρασία πολτού στους 65°C (149°F) για 60 λεπτά.

d) Πολτοποιήστε – αυξήστε τη θερμοκρασία των κόκκων στους 75°C (167°F).

e) Ψεκάστε με 4 λίτρα/λίτρα νερού στους 75°C (167°F) για να φτάσετε τον όγκο πριν από το βρασμό που δεν υπερβαίνει τα 22 λίτρα/τέταρτο.

f) Προσθέστε τον πρώτο σας λυκίσκο. Βράστε το μούστο σας για 75 λεπτά. Προσθέστε τη γεύση σας Λυκίσκος 15 λεπτά πριν το τέλος του βρασμού.

g) Ψύξτε το μούστο σας στους 18°C (64°F). Μετρήστε την αρχική σας βαρύτητα. Πιείτε το ποτό με νερό υγιεινής για να φτάσετε στο OG που θέλετε.

h) Μεταφέρετε το μούστο σας σε έναν καθαρό και υγιεινό ζυμωτήρα. Αερίστε το γλεύκος σας και ρίξτε την έτοιμη μαγιά σας.

i) Ζυμώστε στον κύριο ζυμωτήρα στους 18-22°C (64-72°F) για 1 εβδομάδα – θέλετε 3 ημέρες σταθερών μετρήσεων βαρύτητας. Μόλις το έχετε, προχωρήστε στην εμφιάλωση.

j) Μπουκάλι με 150g/5¼oz λευκής επιτραπέζιας ζάχαρης για να φτάσετε περίπου 3 όγκους CO_2. Απολαύστε μέσα σε 2 μήνες, ιδανικά.

84. Banoffee Weizenbock

Λογαριασμός σιτηρών

- Βύνη σίτου, γερμανική 47,6% – 3kg/6½lb

- Maris Otter 23,8% – 1,5kg/3¼lb

- Βύνη Μονάχου 15,9% – 1kg/2¼lb

- Pale Crystal Malt 4,8% – 300g/10½oz

- Special B Malt 4,8% – 300g/10½oz

- Βύνη Σιταριού Σοκολάτας 3,2% – 200g/7oz

Λυκίσκος

- Hallertauer Mittelfrueh (4% AA)

- Λυκίσκος πρώτου μούστου – 30g/1oz

- Hallertauer Mittelfrueh (4% AA)

- Βράστε 15 λεπτά – 30g/1oz

Μαγιά

- Weihenstephaner Weizen Ale,

- WLP300 ή Wyeast 3068

- Εναλλακτικές λύσεις: Αποξηραμένη μαγιά Hefe όπως τα Mangrove Jacks

- Βαυαρικό σιτάρι ή Safbrew WB-06

ΚΑΤΕΥΘΎΝΣΕΙΣ

a) Ετοιμάστε τη μαγιά σας. Θέλετε να προσθέσετε τον απαιτούμενο αριθμό κελιών σας και πάλι το ένα τρίτο.

b) Φέρτε 26 λίτρα/λίτρα νερού στους 70°C (158°F). Επεξεργαστείτε αυτό το νερό σύμφωνα με την αναφορά νερού σας.

c) Πολτοποιήστε. Διατηρήστε θερμοκρασία πολτού στους 65°C (149°F) για 60 λεπτά.

d) Πολτοποιήστε – αυξήστε τη θερμοκρασία των κόκκων στους 75°C (167°F).

e) Ψεκάστε με 6 λίτρα/λίτρα νερού στους 75°C (167°F) για να φτάσετε τον όγκο πριν από το βρασμό που δεν υπερβαίνει τα 22 λίτρα/τέταρτο.

f) Προσθέστε τον πρώτο σας λυκίσκο. Βράστε το βότανο σας για 60 λεπτά. Προσθέστε τη γεύση σας Λυκίσκος 15 λεπτά πριν το τέλος του βρασμού. ΜΗΝ ΠΡΟΣΘΕΣΕΤΕ ΚΑΝΕΝΑ πρόστιμα.

g) Ψύξτε το μούστο σας στους 18°C (64°F). Μετρήστε την αρχική σας βαρύτητα. Πιείτε το ποτό με νερό υγιεινής για να φτάσετε στο OG που θέλετε.

h) Μεταφέρετε το μούστο σας σε έναν καθαρό και υγιεινό ζυμωτήρα. Αερίστε το γλεύκος σας και ρίξτε την έτοιμη μαγιά σας.

i) Ζυμώστε στον κύριο ζυμωτήρα στους 18-22°C (64-72°F) για 1 εβδομάδα - ή έως ότου έχετε 3 διαδοχικές ημέρες πανομοιότυπων μετρήσεων βαρύτητας. Μόλις το έχετε, προχωρήστε στην εμφιάλωση.

85. του Kölsch

Λογαριασμός σιτηρών

● Pilsner Malt, Γερμανικό 100% – 4,5 kg/10lb

Λυκίσκος

● Hallertauer Mittelfrueh (4% AA)

● Λυκίσκος πρώτου μούστου – 40 g/1½oz

● Hallertauer Mittelfrueh (4% AA)

● Βράστε 15 λεπτά – 20 g/¾oz

● Hallertauer Mittelfrueh (4% AA)

● Βράστε 1 λεπτό – 40 g/1½oz

Μαγιά

● Μαγιά Kolsch, WLP029 ή Wyeast 2565

● Εναλλακτικά: Safale K-97

● 1 Tablet Irish Moss

● 1 φύλλο ζελατίνης φύλλου, μετά τη ζύμωση

ΚΑΤΕΥΘΎΝΣΕΙΣ

α) Ετοιμάστε τη μαγιά σας. Θέλετε να ρίξετε πολλά, έστω και λίγο πάνω. Καθαρίστε και προετοιμάστε τον εξοπλισμό ζυθοποιίας σας.

b) Φέρτε 24 λίτρα/λίτρα νερού στους 70°C (158°F).
    Επεξεργαστείτε αυτό το νερό σύμφωνα με την αναφορά νερού
    σας.

c) Πολτοποιήστε. Διατηρήστε θερμοκρασία πολτού στους 65°C
    (149°F) για 60 λεπτά.

d) Πολτοποιήστε - αυξήστε τη θερμοκρασία των κόκκων στους
    75°C (167°F).

e) Ψεκάστε με 4 λίτρα/λίτρα νερού στους 75°C (167°F) για να
    φτάσετε τον όγκο πριν από το βρασμό που δεν υπερβαίνει τα
    22 λίτρα/τέταρτο.

f) Προσθέστε τον πρώτο σας λυκίσκο. Βράστε το βότανο σας για
    60 λεπτά. Προσθέστε τη γεύση σας Λυκίσκος σε 15 λεπτά και
    το άρωμά σας Λυκίσκος λίγο πριν από το φλόγιστρο.

g) Ψύξτε το μούστο σας στους 18°C (64°F). Μετρήστε την αρχική
    σας βαρύτητα. Πιείτε το ποτό με νερό υγιεινής για να φτάσετε
    στο OG που θέλετε.

h) Μεταφέρετε το μούστο σας σε έναν καθαρό και υγιεινό
    ζυμωτήρα. Αερίστε το γλεύκος σας και ρίξτε την έτοιμη μαγιά
    σας.

i) Ζυμώστε στον κύριο ζυμωτήρα στους 18-20°C (64-68°F) για 2
    εβδομάδες ή έως ότου έχετε 3 διαδοχικές ημέρες
    πανομοιότυπων μετρήσεων βαρύτητας. Δεν θέλετε να αφήσετε
    αυτή τη θερμοκρασία να ξεπεράσει τους 20°C (68°F) τις

πρώτες 3 ημέρες, διαφορετικά δεν θα έχετε τόσο καθαρό χαρακτήρα.

j) Διαλύστε τη ζελατίνη των φύλλων σας σε 200ml/7fl oz. βραστό νερό σε μια κανάτα υγιεινής και μετά ρίξτε αυτό το υγρό στην μπύρα σας. Περιμένετε μια ή δύο μέρες για να καθαρίσει η μπύρα.

86. <u>Elderflower pale ale</u>

ΣΥΣΤΑΤΙΚΆ

Λογαριασμός σιτηρών

- Pale malt, Maris Otter 90,9% – 4,5kg/10lb

- Κρυσταλλική βύνη 6,1% – 300g/10½oz

- Ζάχαρη, άχνη 3% – 150g/5¼oz

Λυκίσκος

- Σινούκ (13% AA) Πρώτος λυκίσκος του μούστου – 20 g/¾oz

- Βρασμός Simcoe 15 λεπτά – 20 g/¾oz

- Σινούκ (13% AA) Άρωμα απότομο – 50g/1¾oz

- Άρωμα Simcoe απότομο – 80g/3oz

- Φρέσκα λουλούδια σαμπούκου Άρωμα απότομο – Κανάτα 1 λίτρου/λίτρο με φρέσκα λουλούδια, αφαιρούνται οι μίσχοι

Μαγιά

- Μαγιά Ale West Coast

- 1 Tablet Irish Moss

ΚΑΤΕΥΘΎΝΣΕΙΣ

a) Προετοιμάστε τη μαγιά που έχετε επιλέξει. Καθαρίστε και προετοιμάστε τον εξοπλισμό ζυθοποιίας σας.

b) Φέρτε 26 λίτρα/λίτρα νερού στους 71°C (160°F).

c) Πολτοποιήστε. Διατηρήστε θερμοκρασία πολτού στους 66°C (151°F) για 60 λεπτά.

d) Πολτοποιήστε – αυξήστε τη θερμοκρασία των κόκκων σας στους 75°C (167°F).

e) Ψεκάστε με 5 λίτρα/λίτρα νερού στους 75°C (167°F) για να φτάσετε τον όγκο πριν από το βρασμό που δεν υπερβαίνει τα 25 λίτρα/τέταρτο.

f) Προσθέστε τον πρώτο σας λυκίσκο και στη συνέχεια βράστε το μούστο σας για 60 λεπτά. Προσθέστε την προσθήκη του λυκίσκου σας 15 λεπτά πριν το τέλος του βρασμού. Προσθέστε το δισκίο σας πρόστιμο και σε αυτό το σημείο.

g) Ψύξτε την μπύρα σας στους 75-79°C (167-174°F) και προσθέστε το άρωμα λυκίσκου και το φρέσκο σαμπούκο σας. Βράστε τα για 30 λεπτά σε θερμοκρασία όχι μεγαλύτερη από 79°C (174°F).

h) Ψύξτε το βαλσαμόχορτο στους 18°C (64°F), αλκοολίζοντας πάλι με νερό υγιεινής για να φτάσετε στην αρχική σας βαρύτητα.

i) Μεταφέρετε το μούστο σας σε έναν καθαρό και υγιεινό ζυμωτήρα. Αερίστε το γλεύκος σας και ρίξτε την έτοιμη μαγιά σας.

j) Ζυμώστε στον κύριο ζυμωτήρα στους 18-20°C (64-68°F) για 2 εβδομάδες. Βεβαιωθείτε ότι έχετε τρεις ίδιες μετρήσεις βαρύτητας σε διάστημα 3 ημερών.

k) Μπουκάλι με 110g/37/8oz λευκή επιτραπέζια ζάχαρη για να φτάσετε τους 2,4-2,5 όγκους CO_2.

87.   <u>Πλιγούρι βρώμης extra pale ale</u>

ΣΥΣΤΑΤΙΚΆ

Λογαριασμός σιτηρών

- Pale malt, Maris Otter 80% – 4kg/9lb
- Βύνη σίτου 8% – 400g/14oz
- Βρώμη, ρολό 8% – 400g/14oz
- Crystal Malt 4% – 200g/7oz

Λυκίσκος

- Citra (14,1% AA) Βράστε 20 λεπτά – 20 g/$\frac{3}{4}$oz
- Amarillo (10,7% AA) Βράστε 15 λεπτά – 20 g/$\frac{3}{4}$oz
- Citra (14,1% AA) Βράζετε 10 λεπτά – 20 g/$\frac{3}{4}$oz
- Amarillo (10,7% AA) Βράστε 5 λεπτά – 20 g/$\frac{3}{4}$oz
- Citra (14,1% AA) Άρωμα απότομο – 40g/1$\frac{1}{2}$oz
- Amarillo (10,7% AA) Άρωμα απότομο – 40g/1$\frac{1}{2}$oz
- Citra (14,1% AA) Ξηρός λυκίσκος – 40g/1$\frac{1}{2}$oz

Μαγιά

- Ξηρά βρετανική μαγιά Ale, όπως WLP007 ή Mangrove Jacks m07
- 1 Tablet Irish Moss

ΚΑΤΕΥΘΎΝΣΕΙΣ

a) Προετοιμάστε τη μαγιά που έχετε επιλέξει. Καθαρίστε και προετοιμάστε τον εξοπλισμό ζυθοποιίας σας.

b) Φέρτε 26 λίτρα/λίτρα νερού στους 69,5°C (157°F).

c) Πολτοποιήστε. Διατηρήστε θερμοκρασία πολτού στους 65°C (149°F) για 60 λεπτά.

d) Πολτοποιήστε - αυξήστε τη θερμοκρασία των κόκκων σας στους 75°C (167°F).

e) Ψεκάστε με 5 λίτρα/λίτρα νερού στους 75°C (167°F) για να φτάσετε τον όγκο πριν από το βρασμό που δεν υπερβαίνει τα 25 λίτρα/τέταρτο.

f) Βράστε το βότανο σας για 60 λεπτά. Προσθέστε την έκρηξη του λυκίσκου σας στα 20, 15, 10 και 5 λεπτά πριν το τέλος του βρασμού. Προσθέστε το δισκίο πρόστιμο στα 15 λεπτά.

g) Ψύξτε τη μπύρα σας στους 75-79°C (167-174°F) και προσθέστε την προσθήκη αρώματος λυκίσκου.

h) Βράστε το για 30 λεπτά σε θερμοκρασία όχι μεγαλύτερη από 79°C (174°F).

i) Ψύξτε το βαλσαμόχορτο στους 18°C (64°F), αλκοολίζοντας πάλι με νερό υγιεινής για να φτάσετε στην αρχική σας βαρύτητα.

j) Μεταφέρετε το μούστο σας σε έναν καθαρό και υγιεινό ζυμωτήρα. Αερίστε το γλεύκος σας και ρίξτε την έτοιμη μαγιά σας.

k) Ζυμώστε στον κύριο ζυμωτήρα στους 18-20°C (64-68°F) για 2 εβδομάδες. Βεβαιωθείτε ότι έχετε τρεις ίδιες μετρήσεις βαρύτητας για 3 ημέρες πριν την εμφιάλωση

l) Μεταφέρετε σε δευτερεύον ζυμωτήρα υγιεινής και στεγνώστε τον λυκίσκο για τρεις ημέρες σε θερμοκρασία δωματίου.

88. Μεγάλη μαύρη σίκαλη-PA

ΣΥΣΤΑΤΙΚΆ

Λογαριασμός σιτηρών

- Pale Malt, Maris Otter 78,4% – 6kg/13lb

- Βύνη σίκαλης 10,5% – 800g/1¾lb

- Κρυσταλλική βύνη 3,9% – 300g/10½oz

- Σιτάρι ψητό 3,9% – 300g/10½oz

- Carafa Special III 3,9% – 300g/10½oz

Λυκίσκος

- Columbus (CTZ, 14% AA) Πρώτος λυκίσκος του μούστου – 50g/1¾oz

- Citra (12% AA) Άρωμα απότομο – 50g/1¾oz

- Columbus (CTZ, 14% AA) Άρωμα απότομο – 50g/1¾oz

- Simcoe (13% AA) Άρωμα απότομο – 50g/1¾oz

- Amarillo (8,5% AA) Άρωμα απότομο – 100g/3½oz

- Simcoe (13% AA) Ξηρός λυκίσκος – 50g/1¾oz

- Citra (12% AA) Ξηρός λυκίσκος – 50g/1¾oz

Μαγιά

- Ξηρά βρετανική μαγιά Ale, όπως WLP007 ή Mangrove Jacks m07

- 1 Tablet Irish Moss

ΚΑΤΕΥΘΎΝΣΕΙΣ

a) Προετοιμάστε τη μαγιά που έχετε επιλέξει - θα χρειαστείτε άφθονη. Καθαρίστε και προετοιμάστε τον εξοπλισμό ζυθοποιίας σας.

b) Φέρτε 28 λίτρα/λίτρα νερού στους 70°C (158°F).

c) Πολτοποιήστε. Διατηρήστε θερμοκρασία πολτού στους 65°C (149°F) για 60 λεπτά.

d) Πολτοποιήστε – αυξήστε τη θερμοκρασία των κόκκων σας στους 75°C (167°F).

e) Ψεκάστε με 7 λίτρα/λίτρα νερού στους 75°C (167°F) για να φτάσετε τον όγκο πριν το βρασμό που δεν υπερβαίνει τα 26 λίτρα/τέταρτο.

f) Προσθέστε τον πρώτο σας λυκίσκο και βράστε το γλεύκος σας για 60 λεπτά. Προσθέστε το δισκίο σας 15 λεπτά πριν το τέλος του βρασμού.

g) Ψύξτε τη μπύρα σας στους 75-79°C (167-174°F) και προσθέστε το μεγάλο άρωμα λυκίσκου σας. Βράστε το για 30 λεπτά σε θερμοκρασία όχι μεγαλύτερη από 79°C (174°F).

h) Ψύξτε το βαλσαμόχορτο στους 18°C (64°F), αλκοολίζοντας πάλι με νερό υγιεινής για να φτάσετε στην αρχική σας βαρύτητα.

i) Μεταφέρετε το μούστο σας σε έναν καθαρό και υγιεινό ζυμωτήρα. Αερίστε το γλεύκος σας και ρίξτε την έτοιμη μαγιά σας.

j) Ζυμώστε στον κύριο ζυμωτήρα στους 18-20°C (64-68°F) για 2 εβδομάδες. Βεβαιωθείτε ότι έχετε τρεις ίδιες μετρήσεις βαρύτητας για 3 ημέρες πριν την εμφιάλωση.

k) Μπουκάλι με 110g/37/8oz λευκή επιτραπέζια ζάχαρη για να φτάσετε τους 2,4-2,5 όγκους CO_2.

89. Citra έκρηξη τριπλό IPA

ΣΥΣΤΑΤΙΚΆ

Λογαριασμός σιτηρών

- Βύνη Pilsner, Γερμανική 89,9% – 8kg/17½lb

- Ζάχαρη, λευκή 10,1% – 900g/2lb

Λυκίσκος

- Citra (12% AA) Βράστε 15 λεπτά – 75 g/2¾oz

- Citra (12% AA) Βράζετε 10 λεπτά – 75 g/2¾oz

- Citra (12% AA) Βράστε 5 λεπτά – 75 g/2¾oz

- Citra (12% AA) Άρωμα απότομο – 175g/6oz

- Citra (12% AA) Ξηρός λυκίσκος – 200g/7oz

Μαγιά

- West Coast Ale Yeast, όπως US–05, WLP001 Πολλά από αυτά

- 1 Tablet Irish Moss

ΚΑΤΕΥΘΎΝΣΕΙΣ

α) Προετοιμάστε τη μαγιά που έχετε επιλέξει. Θα χρειαστείτε πολλά. Καθαρίστε και προετοιμάστε τον εξοπλισμό ζυθοποιίας σας.

b) Φέρτε 29 λίτρα/λίτρα νερού στους 69°C (156°F).

c) Πολτοποιήστε. Διατηρήστε θερμοκρασία πολτού στους 64,5°C (148°F) για 75-90 λεπτά.

d) Πολτοποιήστε - αυξήστε τη θερμοκρασία των κόκκων σας στους 75°C (167°F).

e) Ψεκάστε με 8 λίτρα/λίτρα νερού στους 75°C (167°F) για να φτάσετε τον όγκο πριν από το βρασμό που δεν υπερβαίνει τα 27 λίτρα/λίτρα.

f) Βράστε το βότανο σας για 60 λεπτά. Προσθέστε την έκρηξη του λυκίσκου σας στα 15, 10 και 5 λεπτά πριν το τέλος του βρασμού. Προσθέστε το δισκίο πρόστιμο στα 15 λεπτά.

g) Ψύξτε τη μπύρα σας στους 75-79°C (167-174°F) και προσθέστε το τεράστιο άρωμα λυκίσκου σας. Βράστε τα για 30 λεπτά σε θερμοκρασία όχι μεγαλύτερη από 79°C (174°F).

h) Ψύξτε το βαλσαμόχορτο στους 18°C (64°F), αλκοολίζοντας πάλι με νερό υγιεινής για να φτάσετε στην αρχική σας βαρύτητα.

i) Μεταφέρετε το μούστο σας σε έναν καθαρό και υγιεινό ζυμωτήρα. Αερίστε το γλεύκος σας και ρίξτε την έτοιμη μαγιά σας.

j) Ζυμώστε στον κύριο ζυμωτήρα στους 18-20°C (64-68°F) για 2-3 εβδομάδες. Φροντίστε να διατηρήσετε τη μπύρα στη δροσερή πλευρά για τις πρώτες 3 ημέρες δραστηριότητας.

Βεβαιωθείτε ότι έχετε τρεις ίδιες μετρήσεις βαρύτητας σε διάστημα 3 ημερών.

k) Μεταφέρετε σε δευτερεύοντα ζυμωτήρα και ξεράστε τον λυκίσκο για 3 ημέρες.

l) Μπουκάλι με 110g/37/8oz λευκή επιτραπέζια ζάχαρη για να φτάσετε τους 2,4-2,5 όγκους $CO2$.

90.   Πήδηξε δυσανάλογα

ΣΥΣΤΑΤΙΚΆ

Λογαριασμός σιτηρών

- Pilsner Malt, Γερμανική 78% – 3,2kg/7lb

- Βρώμη, ρολό 5% – 200g/7oz

- Crystal Malt 5% – 200g/7oz

- Βύνη Μονάχου 5% – 200g/7oz

- Βύνη σίκαλης 7% – 300g/10½oz

Λυκίσκος

- Centennial (10% AA) Βράστε 75 λεπτά – 20 g/¾oz

- Centennial (10% AA) Βράστε 10 λεπτά – 20 g/¾oz

- Amarillo (8,5% AA) Βράστε 5 λεπτά – 20g/¾oz

- Amarillo (8,5% AA) Άρωμα απότομο – 60g/2⅛oz

- Centennial (10% AA) Άρωμα απότομο – 100g/3½oz

- Μωσαϊκό (7% AA) Άρωμα απότομο – 100g/3½oz

- Μωσαϊκό (7% AA) Ξηρός λυκίσκος – 100g/3½oz

Μαγιά

- Αγγλική μαγιά Ale. Οι επιλογές περιλαμβάνουν White labs WLP002, Wyeast 1968 ή Safale S-04

- 1 Tablet Irish Moss

ΚΑΤΕΥΘΎΝΣΕΙΣ

a) Προετοιμάστε τη μαγιά που έχετε επιλέξει. Καθαρίστε και προετοιμάστε τον εξοπλισμό ζυθοποιίας σας.

b) Φέρτε 25 λίτρα/λίτρα νερού στους 71°C (160°F).

c) Πολτοποιήστε. Διατηρήστε θερμοκρασία πολτού στους 66,5°C (151°F) για 60 λεπτά.

d) Πολτοποιήστε – αυξήστε τη θερμοκρασία των κόκκων σας στους 75°C (167°F).

e) Ψεκάστε με 4 λίτρα/λίτρα νερού στους 75°C (167°F) για να φτάσετε τον όγκο πριν το βρασμό που δεν υπερβαίνει τα 25 λίτρα/τέταρτο.

f) Προσθέστε τον πρώτο σας λυκίσκο και στη συνέχεια βράστε το μούστο σας για 75 λεπτά. Προσθέστε το δισκίο σας και το ψυγείο στα 15 λεπτά. Προσθέστε τις προσθήκες λυκίσκου στα 10 και 5 λεπτά.

g) Ψύξτε τη μπύρα σας στους 75-79°C (167-174°F) και προσθέστε την προσθήκη αρώματος λυκίσκου.

h) Βράστε το για 30 λεπτά σε θερμοκρασία όχι μεγαλύτερη από 79°C (174°F).

i) Ψύξτε το βαλσαμόχορτο στους 18°C (64°F), αλκοολίζοντας πάλι με νερό υγιεινής για να φτάσετε στην αρχική σας βαρύτητα.

j) Μεταφέρετε το μούστο σας σε έναν καθαρό και υγιεινό ζυμωτήρα. Αερίστε το γλεύκος σας και ρίξτε την έτοιμη μαγιά σας.

k) Ζυμώστε στον κύριο ζυμωτήρα στους 18-20°C (64-68°F) για 2 εβδομάδες. Βεβαιωθείτε ότι έχετε τρεις ίδιες μετρήσεις βαρύτητας σε διάστημα 3 ημερών.

l) Μεταφέρετε σε δευτερεύον ζυμωτήρα υγιεινής και στεγνώστε τον λυκίσκο για 3 ημέρες.

m) Μπουκάλι με 120g/4$\frac{1}{4}$oz λευκή επιτραπέζια ζάχαρη για να φτάσετε τους 2,5-2,7 όγκους CO_2.

ΚΟΜΠΟΥΧΑ

91.   ψεύτικη σόδα κερασιού

ΣΥΣΤΑΤΙΚΆ

- 14 φλιτζάνια μαύρο τσάι kombucha, χωρισμένα

- 32 ουγγιές γλυκά κεράσια, χωρίς κουκούτσι

ΚΑΤΕΥΘΎΝΣΕΙΣ

a) Σε έναν επεξεργαστή τροφίμων ή στο μπλέντερ, πολτοποιήστε τα κεράσια μαζί με περίπου 1 φλιτζάνι κομπούχα μέχρι να ρευστοποιηθούν.

b) Προσθέστε τον πουρέ και την υπόλοιπη κομπούχα σε ένα γυάλινο βάζο 1 γαλονιού και σκεπάστε το με ένα καθαρό λευκό πανί στερεωμένο με ένα λαστιχάκι. Αφήστε το βάζο στον πάγκο σε ζεστό μέρος, περίπου 72°F, για τουλάχιστον 12 ώρες και όχι περισσότερο από 24 ώρες. Όσο πιο πολύ βρέχει, τόσο πιο δυνατή θα γίνεται η γεύση του κερασιού.

c) Ρίξτε τη κομπούχα μέσα από ένα διχτυωτό σουρωτήρι πάνω από ένα μεγάλο βάζο ή κατσαρόλα για να αφαιρέσετε τυχόν στερεά.

d) Με ένα χωνί αδειάζουμε την κομπούχα σε μπουκάλια και σκεπάζουμε καλά. Τοποθετήστε τα μπουκάλια σε ζεστό μέρος, περίπου 72°F, για να ζυμωθούν για 48 ώρες.

e) Βάλτε 1 μπουκάλι στο ψυγείο για 6 ώρες, μέχρι να κρυώσει καλά.

f) Μόλις επιτευχθεί ο αναβρασμός και η γλυκύτητα που επιθυμείτε, βάλτε όλα τα μπουκάλια στο ψυγείο για να σταματήσει η ζύμωση.

92. Blackberry zinger

KANEI 1 ΓΑΛΟΝΙ

ΣΥΣΤΑΤΙΚΆ

- 2 φλιτζάνια βατόμουρα

- 4 ουγγιές φρεσκοστυμμένο χυμό λάιμ

- 14 φλιτζάνια μαύρο τσάι kombucha

ΚΑΤΕΥΘΎΝΣΕΙΣ

a) Σε ένα μεγάλο μπολ, χρησιμοποιήστε ένα μεγάλο κουτάλι ή πουρέ πατάτας για να πολτοποιήσετε τα βατόμουρα και να βγάλετε τους χυμούς τους.

b) Μεταφέρετε τα μούρα σε ένα δοχείο ζύμωσης μεγέθους γαλονιού και προσθέστε το χυμό λάιμ.

c) Γεμίστε το υπόλοιπο σκεύος με το μαύρο τσάι kombucha.

d) Καλύψτε το βάζο με ένα καθαρό λευκό πανί και στερεώστε το με ένα λαστιχάκι. Αφήστε το βάζο να ζυμωθεί για 2 ημέρες σε ζεστό μέρος, μεταξύ 68°F και 72°F.

e) Μετά από 48 ώρες, στραγγίστε το μείγμα για να αφαιρέσετε τους σπόρους του βατόμουρου.

f) Με ένα χωνί ρίχνουμε το μείγμα σε μπουκάλια και τα σκεπάζουμε καλά.

g) Αφήστε τα μπουκάλια σε ζεστό μέρος, περίπου 72°F, να ζυμωθούν για 2 επιπλέον ημέρες.

h) Βάλτε 1 μπουκάλι στο ψυγείο για 6 ώρες, μέχρι να κρυώσει καλά.

93. Κομπούχα ρόδι

ΚΑΝΕΙ 1 ΓΑΛΟΝΙ

ΣΥΣΤΑΤΙΚΆ

- 14 φλιτζάνια νερό, χωρισμένα

- 4 φακελάκια μαύρου τσαγιού

- 4 φακελάκια πράσινου τσαγιού

- 1 φλιτζάνι ζάχαρη

- 1 SCOBY

- 2 φλιτζάνια ορεκτικό τσάι

- 1 φλιτζάνι χυμό ροδιού, χωρισμένο

- 2 κουταλάκια του γλυκού φρεσκοστυμμένο χυμό λεμονιού, χωρισμένο

- 4 φέτες φρέσκο τζίντζερ, χωρισμένες

ΚΑΤΕΥΘΎΝΣΕΙΣ

a) Σε μια μεγάλη κατσαρόλα, ζεστάνετε 4 φλιτζάνια νερό στους 212°F σε μέτρια φωτιά και, στη συνέχεια, αφαιρέστε αμέσως το τηγάνι από τη φωτιά.

b) Προσθέστε τα φακελάκια μαύρου και πράσινου τσαγιού, ανακατεύοντας μία φορά. Καλύψτε το τηγάνι και αφήστε το τσάι να βράσει για 10 λεπτά.

c) Αφαιρέστε τα φακελάκια τσαγιού. Προσθέτουμε τη ζάχαρη και ανακατεύουμε μέχρι να διαλυθεί όλη η ζάχαρη.

d) Ρίξτε τα υπόλοιπα 10 φλιτζάνια νερό στην κατσαρόλα για να κρυώσει το τσάι. Ελέγξτε τη θερμοκρασία για να βεβαιωθείτε ότι είναι κάτω από 85°F πριν συνεχίσετε.

e) Ρίξτε το τσάι σε ένα βάζο 1 γαλονιού.

f) Πλύνετε και ξεπλύνετε καλά τα χέρια σας, στη συνέχεια απλώστε το SCOBY στην επιφάνεια του τσαγιού και προσθέστε το αρχικό τσάι στο βάζο.

g) Χρησιμοποιώντας ένα καθαρό λευκό πανί, καλύψτε το άνοιγμα του βάζου και στερεώστε το στη θέση του με ένα λαστιχάκι. Αφήστε το βάζο σε ζεστό μέρος, περίπου 72°F, να ζυμωθεί για 7 ημέρες.

h) Μετά από 7 ημέρες, δοκιμάστε το kombucha. Εάν είναι πολύ γλυκό, αφήστε το να ζυμωθεί για μια ή δύο επιπλέον ημέρες. Μόλις η κομπούχα σας έχει καλή γεύση, αφαιρέστε και κρατήστε το SCOBY για μελλοντική χρήση (δείτε εδώ).

i) Κρατήστε 2 φλιτζάνια κομπούχα για την επόμενη παρτίδα σας πριν αρωματίσετε την υπόλοιπη κομπούχα.

94.   Κομπούχα βατόμουρου-τζίντζερ

ΚΑΝΕΙ 1 ΓΑΛΟΝΙ

ΣΥΣΤΑΤΙΚΆ

- 2 φλιτζάνια βατόμουρα
- ¼ φλιτζάνι ζαχαρωμένο τζίντζερ, ψιλοκομμένο
- 14 φλιτζάνια oolong tea kombucha

ΚΑΤΕΥΘΎΝΣΕΙΣ

a) Σε ένα μεγάλο μπολ, χρησιμοποιήστε ένα μεγάλο κουτάλι ή πουρέ πατάτας για να πολτοποιήσετε τα βατόμουρα και να βγάλετε τους χυμούς τους.

b) Μεταφέρετε τα μούρα σε ένα δοχείο ζύμωσης μεγέθους γαλονιού και προσθέστε το ζαχαρωμένο τζίντζερ και το τσάι oolong kombucha.

c) Χρησιμοποιώντας ένα καθαρό λευκό πανί, σκεπάστε το βάζο και στερεώστε το με ένα λαστιχάκι. Αφήστε το βάζο να ζυμωθεί για 2 ημέρες σε ζεστό μέρος, μεταξύ 68°F και 72°F.

d) Μετά από 48 ώρες, στραγγίστε το μείγμα για να αφαιρέσετε τα κομμάτια μύρτιλου και τζίντζερ.

e) Με ένα χωνί ρίχνουμε την κομπούχα στα μπουκάλια και τα σκεπάζουμε καλά.

f) Τοποθετήστε τα μπουκάλια σε ζεστό μέρος, περίπου 72°F, για να ζυμωθούν για 48 ώρες.

g) Βάλτε 1 μπουκάλι στο ψυγείο για 6 ώρες, μέχρι να κρυώσει καλά. Ανοίξτε το μπουκάλι (πάνω από τον νεροχύτη) και δοκιμάστε την κομπούχα.

95.   Κομπούχα ροδακινί ρουζ

ΚΑΝΕΙ 1 ΓΑΛΟΝΙ

ΣΥΣΤΑΤΙΚΆ

- 2 φλιτζάνια ροδάκινα κομμένα σε κύβους

- 4 ουγγιές φράουλες

- 2 ουγγιές φρεσκοστυμμένο χυμό λεμονιού

- Πόμο τζίντζερ 1 ίντσας

- 14 φλιτζάνια πράσινο τσάι kombucha

ΚΑΤΕΥΘΎΝΣΕΙΣ

a) Σε έναν επεξεργαστή τροφίμων ή στο μπλέντερ, πολτοποιήστε τα ροδάκινα, τις φράουλες, το χυμό λεμονιού και το τζίντζερ.

b) Μεταφέρετε το μείγμα σε ένα δοχείο ζύμωσης μεγέθους γαλονιού και προσθέστε το πράσινο τσάι kombucha.

c) Χρησιμοποιώντας ένα καθαρό λευκό πανί, σκεπάστε το βάζο και στερεώστε το με ένα λαστιχάκι. Αφήστε το βάζο να ζυμωθεί για 2 ημέρες σε ζεστό μέρος, μεταξύ 68°F και 72°F.

d) Στραγγίστε το μείγμα σε ένα μεγάλο βάζο ή κατσαρόλα για να αφαιρέσετε τα κομμάτια των φρούτων.

e) Χρησιμοποιώντας ένα χωνί, αδειάστε το μείγμα σε μπουκάλια και κλείστε καλά κάθε μπουκάλι.

f) Τοποθετήστε τα μπουκάλια σε ζεστό μέρος, περίπου 72°F, για να ζυμωθούν για 48 ώρες.

g) Βάλτε 1 μπουκάλι στο ψυγείο για 6 ώρες, μέχρι να κρυώσει καλά.

h) Ανοίξτε το μπουκάλι (πάνω από τον νεροχύτη) και δοκιμάστε την κομπούχα. Εάν είναι αφρώδη προς ικανοποίησή σας, βάλτε όλα τα μπουκάλια στο ψυγείο και σερβίρετε μόλις κρυώσουν. Εάν δεν είναι ακόμα εκεί, αφήστε τα κλειστά μπουκάλια να καθίσουν για άλλη μια ή δύο μέρες και δοκιμάστε ξανά. Μόλις επιτευχθεί ο αναβρασμός και η γλυκύτητα που επιθυμείτε, βάλτε όλα τα μπουκάλια στο ψυγείο για να σταματήσει η ζύμωση.

96. Kombucha μέντας

ΚΑΝΕΙ 1 ΓΑΛΟΝΙ

ΣΥΣΤΑΤΙΚΆ

- ¼ φλιτζάνι φρέσκο δυόσμο, χοντροκομμένο

- 16 φλιτζάνια μαύρο τσάι kombucha

ΚΑΤΕΥΘΎΝΣΕΙΣ

a) Μοιράστε τη μέντα στα μπουκάλια των 16 ουγγιών σας.

b) Χρησιμοποιώντας ένα χωνί, ρίξτε την κομπούχα στα μπουκάλια και κλείστε καλά το καθένα.

c) Αφήστε τα μπουκάλια στον πάγκο σε ζεστό μέρος, περίπου 72°F, να ζυμωθούν για 48 ώρες.

d) Βάλτε 1 μπουκάλι στο ψυγείο για 6 ώρες, μέχρι να κρυώσει καλά. Ανοίξτε το μπουκάλι (πάνω από τον νεροχύτη) και δοκιμάστε το kombucha σας. Εάν είναι αφρώδη προς ικανοποίησή σας, βάλτε όλα τα μπουκάλια στο ψυγείο και σερβίρετε μόλις κρυώσουν.

97. Kombucha χαμομήλι-λεμόνι

KANEI 1 ΓΑΛΟΝΙ

ΣΥΣΤΑΤΙΚΆ

- 4 κουταλάκια του γλυκού αποξηραμένα άνθη χαμομηλιού

- 6 ουγγιές φρεσκοστυμμένο χυμό λεμονιού

- $15\frac{1}{4}$ φλιτζάνια πράσινο τσάι kombucha

ΚΑΤΕΥΘΎΝΣΕΙΣ

a) Μοιράστε το χαμομήλι στα μπουκάλια, προσθέτοντας περίπου $\frac{1}{2}$ κουταλάκι του γλυκού ανά μπουκάλι 16 ουγκιών.

b) Μοιράστε το χυμό λεμονιού στα μπουκάλια, προσθέτοντας περίπου 1 κουταλιά της σούπας ανά μπουκάλι 16 ουγκιών.

c) Χρησιμοποιώντας ένα χωνί, γεμίστε κάθε μπουκάλι με το πράσινο τσάι κομπούχα, αφήνοντας περίπου 1 ίντσα ελεύθερου χώρου σε κάθε λαιμό του μπουκαλιού.

d) Αφήστε τα μπουκάλια στον πάγκο σε ζεστό μέρος, περίπου 72°F, να ζυμωθούν για 48 ώρες.

e) Βάλτε 1 μπουκάλι στο ψυγείο για 6 ώρες, μέχρι να κρυώσει καλά. Ανοίξτε το μπουκάλι (πάνω από τον νεροχύτη) και δοκιμάστε την κομπούχα σας.

98. Καρπούζι-jalapeño kombucha

ΚΑΝΕΙ 1 ΓΑΛΟΝΙ

ΣΥΣΤΑΤΙΚΆ

- 2 πιπεριές jalapeño, με μίσχο και κομμένες στη μέση κατά μήκος

- 4 φλιτζάνια καρπούζι σε κύβους

- 14 φλιτζάνια πράσινο τσάι kombucha

ΚΑΤΕΥΘΎΝΣΕΙΣ

a) Αφαιρέστε τους σπόρους jalapeño, εκτός αν προτιμάτε περισσότερη θερμότητα.

b) Σε μπλέντερ ή επεξεργαστή τροφίμων, πολτοποιούμε το καρπούζι.

c) Τοποθετήστε ένα διχτυωτό σουρωτήρι πάνω από ένα δοχείο ζύμωσης μεγέθους γαλονιού. Ρίξτε τον πουρέ στο σουρωτήρι μέχρι να στραγγίξει όλος ο χυμός που τρέχει ελεύθερα, χρησιμοποιώντας ένα κουτάλι για να σπρώξετε τον περιττό χυμό από τον πουρέ.

d) Πετάξτε τον πουρέ και προσθέστε τα κομμάτια jalapeño στο χυμό του καρπουζιού.

e) Προσθέστε την κομπούχα στο βάζο και, χρησιμοποιώντας ένα καθαρό λευκό πανί, στερεώστε τη με ένα λαστιχάκι.

f) Αφήστε το βάζο σε ζεστό μέρος, μεταξύ 68°F και 72°F, να ζυμωθεί για 2 ημέρες.

g) Σουρώνετε το μείγμα για να αφαιρέσετε το jalapeño.

h) Χρησιμοποιώντας ένα χωνί, αδειάστε το μείγμα σε μπουκάλια και κλείστε καλά το καθένα.

i) Αφήστε τα μπουκάλια σε ζεστό μέρος, περίπου 72°F, να ζυμωθούν για 48 ώρες.

j) Βάλτε 1 μπουκάλι στο ψυγείο για 6 ώρες, μέχρι να κρυώσει καλά.

99. <u>Κομπούχα τάρτας εσπεριδοειδών-δεντρολίβανου</u>

ΚΑΝΕΙ 1 ΓΑΛΟΝΙ

ΣΥΣΤΑΤΙΚΆ

- 4 φλιτζάνια νερό

- 4 φακελάκια πράσινου τσαγιού

- ½ φλιτζάνι καθαρή ζάχαρη από ζαχαροκάλαμο

- 2 κουταλιές της σούπας φρέσκο δεντρολίβανο ψιλοκομμένο

- 2 γκρέιπφρουτ, κομμένα στη μέση

- 12 φλιτζάνια πράσινο τσάι kombucha

ΚΑΤΕΥΘΎΝΣΕΙΣ

a) Σε μια μικρή κατσαρόλα βάζετε το νερό να πάρει σχεδόν βράση. Κλείστε τη φωτιά.

b) Προσθέστε τα φακελάκια τσαγιού και τα βράστε, σκεπασμένα, για περίπου 8 λεπτά.

c) Αφαιρέστε τα φακελάκια τσαγιού, πιέζοντάς τα με το πίσω μέρος ενός κουταλιού στο πλάι της κατσαρόλας για να βγάλετε όσο το δυνατόν περισσότερο τσάι.

d) Προσθέστε τη ζάχαρη στο τσάι και ανακατέψτε μέχρι να διαλυθεί η ζάχαρη και στη συνέχεια προσθέστε το δεντρολίβανο στο τσάι.

e) Τοποθετήστε ένα διχτυωτό σουρωτήρι πάνω από την κατσαρόλα και στύψτε κάθε μισό γκρέιπφρουτ για να βγάλετε τον χυμό, πιάνοντας τυχόν σπόρους στο σουρωτήρι.

f) Αφαιρέστε τον πολτό από το ένα μισό γκρέιπφρουτ, ψιλοκόψτε τον και προσθέστε τον στο τσάι. Αφήστε το μείγμα να κρυώσει σε θερμοκρασία δωματίου.

g) Σε μια μεγάλη κανάτα ή μπολ, ανακατέψτε το μείγμα πράσινου τσαγιού και πελτέ με την κομπούχα.

h) Χρησιμοποιώντας ένα χωνί, αδειάστε το μείγμα σε μπουκάλια και κλείστε καλά κάθε μπουκάλι.

i) Αφήστε τα μπουκάλια στον πάγκο σε ζεστό μέρος, περίπου 72°F, να ζυμωθούν για 48 ώρες.

j) Βάλτε 1 μπουκάλι στο ψυγείο για 6 ώρες, μέχρι να κρυώσει καλά.

100. Κομπούχα με καρυκεύματα σαμπούκου

ΚΑΝΕΙ 1 ΓΑΛΟΝΙ

ΣΥΣΤΑΤΙΚΆ

- Πόμο τζίντζερ 1 ίντσας

- ⅓φλιτζάνι σαμπούκους ¼ φλιτζάνι τριανταφυλλιές

- 15 φλιτζάνια μαύρο τσάι kombucha

ΚΑΤΕΥΘΎΝΣΕΙΣ

a) Κόψτε το τζίντζερ σε λεπτές, ομοιόμορφες λωρίδες έτσι ώστε κάθε μπουκάλι να έχει τουλάχιστον 1 κομμάτι.

b) Μοιράστε τα σαμπούκους, τα τριαντάφυλλα και τις λωρίδες τζίντζερ στα μπουκάλια.

c) Χρησιμοποιώντας ένα χωνί, γεμίστε κάθε μπουκάλι με την κομπούχα, αφήνοντας ένα 1 ιντσών προεξοχή σε κάθε λαιμό του μπουκαλιού.

d) Τοποθετήστε τα μπουκάλια σε ζεστό μέρος, περίπου 72°F, για να ζυμωθούν για 48 ώρες.

e) Βάλτε 1 μπουκάλι στο ψυγείο για 6 ώρες, μέχρι να κρυώσει καλά. 6. Για το σερβίρισμα, χρησιμοποιήστε ένα διχτυωτό σουρωτήρι για να αφαιρέσετε τα αρωματικά όταν ρίχνετε την κομπούχα σε ένα ποτήρι.

ΣΥΜΠΕΡΑΣΜΑ

Τώρα γνωρίζετε τη βασική διαδικασία για την παρασκευή της δικής σας μπύρας στο σπίτι. Καθώς αποκτάτε εμπειρία και αυτοπεποίθηση, μπορείτε να αντιμετωπίσετε περισσότερες ρυτίδες, όπως να χρησιμοποιήσετε γύψο για να σκληρύνετε το νερό παρασκευής σας ή να προσθέσετε ιρλανδικό βρύα στο βράσιμο σας για να βοηθήσετε στη διαύγεια της μπύρας.

Αυτό είναι το μόνο που χρειάζεται για να φτιάξεις τη δική σου μπύρα. Αφού αφήσετε την μπύρα να μαλακώσει, ήρθε η ώρα να τη μοιραστείτε με τους φίλους και την οικογένειά σας!